AF368607

TRAITE'

DES

BONNES

OEUVRES

EN

GENERAL.

Par JEAN LA PLACETE, *Pasteur*
de l'Eglise Françoise de Copenhague.

A AMSTERDAM,

Chez DANIEL PAIN, Marchand
Libraire sur le Voorburgwal,
proche du Stilsteeg.

M. DCC.

TABLE

DES

CHAPITRES

Contenus dans le Traité des bonnes œuvres en general.

TABLE

*

ment*

TABLE.

TRAI-

TRAITÉ

DES

BONNES

OEUVRES

EN GENERAL.

CHAPITRE I.

Idée generale des bonnes œuvres.

Es bonnes œuvres doivent faire la principale, ou pour mieux dire l'unique, & la perpetuelle occupation de l'enfant de Dieu sur la terre. Ce font les fruits que cet arbre myſtique

A   doit

doit porter en toute saison. On peut dire que nous ne sommes dans le monde que pour cela seul, & que dés que nous cessons de nous y appliquer, nous sommes du nombre de ces miserables, dont le Prophéte dit * *qu'ils ont été rendus inutiles.* Témoin ce que Jesus-Christ fait dire dans la parabole *(a)* au pere de famille, sur le sujet du figuier, qu'il avoit planté dans sa vigne, *Coupés le, car a quoi bon occuperoit-il la terre?* Et témoin encore ce que dit S. Paul *(b)*, que *nous sommes l'ouvrage de Dieu, creés en Jesus-Christ pour les bonnes œuvres, que Dieu a préparées, afin que nous marchions en elles.*

Mais c'est peu de chose de dire, que les bonnes œuvres sont la fin à laquelle, non seulement l'homme naturel, mais encore le Chrétien; & l'enfant de Dieu, est destiné. Elles sont encore la fin, je dis la fin prochaine & immédiate, de tout ce que Dieu a fait pour nous, soit dans le temps,

* Rom. III. 12.   (a) Luc. XIII. 6.
(b) Eph. II. 10.

temps, soit dans l'éternité. Pourquoi nous a-t-il éleus, & predeſtinés par ſes decrets éternels? C'eſt afin que nous nous appliquions à la pratique des bonnes œuvres. *Il nous a élus en lui*, dit S. Paul, *(a) avant la fondation du monde, afin que nous fuſſions ſaints, & irréprehenſibles devant lui en charité.* Et S. Pierre aſſeure *(b)* que *nous ſommes éleus ſelon la Providence de Dieu en ſanctification d'eſprit à obeiſſance.* Pourquoi nous a-t-il donné ſon ſaint Fils? Pourquoi l'a-t-il envoyé ſur la terre? C'eſt, dit S. Pierre, *(c) pour retirer chacun de nous de ſes méchancetés.* C'eſt, dit Zacharie, *(d)*, *pour adreſſer nos piés au chemin de paix.* Pourquoi ce grand Sauveur eſt-il mort? C'eſt dit S. Pierre *(e) afin qu'étant morts au péché, nous vivions a la juſtice. Il s'eſt donné ſoi-même pour nous*, dit S. Paul *(f)*, *afin qu'il nous rachetât de toute iniquité, & nous purifiât pour lui être un peuple particulierement attaché, & adonné aux bonnes œuvres.* A 2 *D'ail-*

(a) Eph. I. 4.　　(b) I. Pier. I. 2.
(c) Act. III. 26.　　(d) Luc. I. 79.
(e) Pier. II. 24.　　(f) Tit. II. 14.

D'ailleurs, nos bonnes œuvres font des effets admirables. Elles glorifient Dieu. *Faites luire*, diſoit Jeſus-Chriſt en ce ſens (*a*) *faites luire vos bonnes œuvres devant les hommes, afin que les hommes voyant vos bonnes œuvres glorifient vôtre 'Pere qui eſt dans les Cieux.* Elles édifient nos prochains. *Ayez*, dit S. Pierre (*b*) *vôtre converſation honnéte envers les Gentils, afin qu'au lieu qu'ils médiſent de vous comme de malfaiteurs, ils glorifient Dieu au jour de la viſitation pour vos bonnes œuvres qu'ils auront veuës.* Elles nous procurent toutes les bénédictions de Dieu, tous les effets de ſon amour & de ſa bonté, ſoit pendant la vie, ſoit aprés la mort, ce qui fait que l'Ecriture nous les repreſente en divers endroits comme un grain myſtique que nous ſemons, & qui produit dans la ſuite une moiſſon abondante. *Ce que l'homme aura ſemé,* dit S. Paul (*c*), *il le moiſſonnera auſſi. Car celui qui ſeme à ſa chair, moiſſonnera de la chair la corruption, mais celui* qui

(*a*) Matt. V. 16. (*b*) I. Pier. II. 12.
(*c*) Gal. VI. 7. 8.

qui féme à l'efprit, moiffonnera de l'efprit la vie éternelle. Elles avancent l'ouvrage de nôtre fanctification, & ajoûtent de nouveaux traits à l'image de Dieu, que fon Efprit a tracée dans nôtre cœur, ou du moins les rendent plus vifs & plus lumineux, ce qui fait dire à S. Pierre (*a*), qu'elles affermiffent nôtre vocation, & nôtre élection.

En un mot, elles font fi utiles & fi excellentes, que l'Ecriture, nous les reprefente comme un thréfor qu'on s'amaffe, & que Dieu s'oblige de nous garder avec foin. Témoin ce que S. Paul dit à Timothée (*b*) fur le fujet des riches d'Ephefe. *Qu'ils faffent du bien. Qu'ils foient riches en bonnes œuvres, qu'ils foient faciles à diftribuer, communicatifs, fe faifant un thréfor d'un bon fondement pour l'avenir, afin qu'ils apprehendent la vie éternelle.* Et avant lui Jefus Chrift même (*c*). *Ne vous amaffez point de thréfor en la terre, où la tigne & la roüille gâtent tout, & où*

A 3

les

(*a*) II. Pier. I. 10.   (*b*) I. Tim. VI. 18. 19.
(*c*) Matt. VI. 19. 20.

les larrons perçent & dérobent. Mais amaßés vous des thrésors au Ciel, où la tigne & la roüille ne gâtent rien, & où les larrons ne perçent, ni ne dérobent. Admirable thrésor qui nous reste aprés même que nous avons tout perdu, & qui nous accompagne même aprés la mort! témoin ce que le S. Esprit dit dans l'Apocalypse (a). *Bienheureux font dés maintenant les morts qui meurent au Seigneur. Oüi pour certain, dit l'Esprit, car ils se reposent de leurs travaux, & leurs œuvres les suivent.*

Ces œuvres font d'ailleurs si nécessaires, que si nous les négligeons, il est impossible que nous ayons aucune part à ce grand salut, que Jesus-Christ nous offre dans son Evangile, & que nous évitions les supplices de l'éternité. *Tout arbre,* dit S. Jean Baptiste en ce sens, (b) *tout arbre qui ne porte point de fruit s'en va être coupé, & jetté au feu.*

On peut voir par là combien il importe

____

(a) Apoc, XIV. 13.   (b) Matt, III. 10.

porte d'être bien inſtruit ſur un tel ſujet. Car enfin qu'eſt-ce qui nous peut être plus néceſſaire, que de ne rien ignorer de ce qui concerne ce qui fait l'un des plus ſaints & des plus indiſpenſables de nos devoirs, l'un des moyens les plus efficaces dont Dieu ſe ſert pour produire l'ouvrage de nôtre ſalut?

Il eſt même d'autant plus neceſſaire de s'y appliquer, que cette matiere a ſes difficultez, ſur leſquelles il ne peut-être qu'utile de s'éclaircir. Il y a d'ailleurs bien des erreurs, & des erreurs groſſieres & dangereuſes, dont pluſieurs ſont prevenus ſur ce ſujet, & dont il importe de les deſabuſer. Ainſi il n'y aura point de mal à s'appliquer avec quelque ſoin à donner du jour à une matiere ſi belle, & ſi importante.

Mais avant que de l'entreprendre il ſera bon de dire en un mot ce qu'on entend par ces bonnes œuvres, dont on a deſſein de parler, & d'expliquer un peu les deux termes, dont on ſe

A 4

ſert

fert pour les defigner. C'eft ce qu'on
va faire en peu de mots dans le chapitre fuivant.

CHAPITRE II.

*Qu'elles font ces œuvres dont on a deſſein
de parler, & quelle eſt la bonté qu'on
leur attribuë. Conditions néceſſaires pour
cet effet.*

J'Entends premiérement par les
œuvres toute forte d'actions, internes, ou externes, vifibles, ou
invifibles. Ainfi je prends cette expreffion dans un fens bien plus éten-
du que celui auquel on l'entend ordinairement, lors qu'on diftingue les
œuvres des paroles & des penfées.
J'entends en general tout ce que nous
faifons, foit interieurement, & en
nous mêmes, foit exterieurement, &
fenfiblement. Je n'exclus pas même
de la fignification de ce terme un
fimple refus d'agir, parce qu'en effet
ce refus eft quelquefois une œuvre
ex-

excellente, & un acte de la volonté, qui ne laisse pas d'être positif en lui même, quoi qu'il se termine à quelque chose de negatif.

Mais quoi que je prenne ce mot dans cette signification étenduë, je n'ai pourtant pas dessein de parler de toute sorte d'actions sans exception. Car pour ne rien dire des actions purement physiques & naturelles, je ne dois pas même traiter de toutes les actions morales. Il y en a de trois ordres, de bonnes, de mauvaises & d'indifferentes. Cependant mon dessein n'est pas de parler presentement, ni des indifferentes, ni des mauvaises. Je me propose de m'attacher uniquement aux bonnes, me reservant de parler des autres dans un autre ouvrage.

Il est bon même de savoir plus distinctement en quoi c'est que consiste cette bonté, qui fait cette espece d'œuvres, qu'on appelle bonnes. Personne n'ignore qu'il y a trois diverses especes de bien, l'honnête, l'utile, & l'agreable. Mais on comprend auſſi en même temps que la bonté d'une action ne conſiſte ni en ce qu'elle eſt utile, ni en ce qu'elle eſt agreable. Si cette action eſt ſimplement utile ou agréable, ſans être honnéte, on ne dira jamais que c'eſt une bonne action. On ne deſigne par là que les autres qui ont cette bonté particuliere qu'on nomme *morale*, qui eſt la matiere de l'approbation & de la loüange, & qui eſt diſtincte de celle qu'on nomme *phyſique* ou *metaphyſique*.

Cette bonté morale, au moins telle qu'elle eſt dans nos actions, tire ſon origine de deux choſes, l'une que nous ſommes libres, l'autre que nôtre liberté n'eſt pas infinie. Si nous n'avions point du tout de liberté, nos actions ne ſeroient ni bonnes, ni mauvaiſes, d'où vient que celles des beſtes n'ont ni l'une, ni l'autre de ces qualités. Elles le ſeroient auſſi peu ſi nôtre liberté étoit ſi vaſte, & ſi étenduë, qu'il nous fût permis de faire abſolûment, & ſans exception, ce qu'il nous plairoit. Mais comme

d'un

d'un côté nous avons quelque liberté, & que de l'autre cette liberté eſt
aſſés bornée, cela fait que nous pouvons agir bien & mal, parce que
nous pouvons, ou nous contenir
dans ces bornes, qui nous ſont preſ-
crites, ou les franchir.

On comprendra ceci plus diſtinctement ſi l'on conſidere qu'il y a une
double liberté, l'une qu'on nomme
de fait, & l'autre *de droit*. La liberté de fait conſiſte à avoir les forces
phyſiques & naturelles, qui ſont néceſſaires pour faire une action. La
liberté de droit conſiſte à pouvoir
faire cette action innocemment, &
ſans crime. Chacun par exemple a
aſſez de force pour tuer un de ſes prochains au cas que l'envie l'en prenne,
mais il n'y a preſque perſonne à qui
cela ſoit permis. Chacun a donc à
cet égard la liberté de fait, & non
pas celle de droit.

Lors qu'on fait un bon uſage de la
premiére, & qu'on ſe renferme dans
les bornes de la ſeconde, nos actions
ſont bonnes, comme au contraire el-

A 6　　　　　les

les font mauvaifes, lors qu'on paffe ces bornes, & qu'on fait ce qu'il n'étoit pas pérmis de faire, ou qu'on néglige ce qu'il falloit pratiquer.

En un mot, comme nous ne fommes pas de nous mêmes, nous ne fommes pas les maîtres de nos actions. Nous avons pour fuperieur & pour maître ce même Dieu qui nous a créés, & nous a faits être ce que nous fommes. Il a par là même le droit de nous commander & de nous deffendre tout ce qu'il lui plait. Il a ufé de ce droit. Il nous a donné une loi pour fervir de regle à nos actions. Si nous nous écartons de cette regle, nous péchons. Si nous nous y conformons, nos actions font bonnes, & telles qu'elles doivent être.

Il faut ajoûter encore que quand on parle d'une bonne action, cette façon de parler defigne deux chofes tres differentes, felon les divers fujets aufquels on l'applique. S'il eft queftion de tout un genre, ou de toute une efpece d'actions, & qu'on en dife qu'elles font bonnes, on veut

dire

dire simplement qu'elles sont commandées de Dieu.   Mais si on parle d'une action singuliere & individuelle, & qu'on dise qu'elle est bonne, on dit quelque chose de plus. On dit non seulement que cette action a été commandée de Dieu, mais encore qu'elle a été faite en la maniere en laquelle Dieu veut qu'on la fasse.

Par exemple, si on dit que la priére, ou que l'aumône, est une bonne œuvre, on veut dire simplement que Dieu nous a commandé de l'invoquer, & d'assister nos prochains. Mais si on dit que la priére du bon larron, ou celle de S. Etienne, & les aumônes de Corneille & de Tabitha, étoient de bonnes actions, on veut dire que ces priéres & ces aumônes avoient toutes les qualités nécessaires pour être agréables à Dieu.

Il peut arriver fort facilement qu'une action bonne en son genre soit mauvaise en ce qu'elle a de singulier & d'individuel. Telles étoient, par exemple, les priéres & les aumônes des Pharisiens, dont Jesus-Christ par-

parle au chapitre VI. de S. Matthieu.
Elles étoient bonnes en leur genre,
mais tres mauvaifes en ce qu'elles a-
voient de fingulier & d'individuel,
parce qu'ils les faifoient mal, ne les
faifant que par vanité. Mais quoi
qu'une action bonne en fon genre,
puifle être mauvaife, en ce qu'elle a
de fingulier, il ne s'enfuit pas qu'u-
ne action finguliere puifle être bonne, fi elle eft mauvaife en fon genre.
La raifon en eft qu'une des conditions les plus eſſentielles pour faire
une action bonne dans l'individu,
c'eft qu'elle foit bonné en fon genre.

La bonté individuelle d'une action
refulte de l'union & de l'affemblage
de toutes les conditions neceffaires à
la production de cet effet. Il ne fuffit pas en effet qu'une ou deux de
ces conditions s'y trouvent. Il faut
qu'il n'y en manque pas une, fuivant la maxime conftante des Theologiens, *Bonum ex integrâ caufâ, malum ex quovis defectu.*

Il y a au refte deux fortes de conditions néceffaires à une bonne œuvre.

vre. Les unes font neceflaires à toutes les œuvres, quelles qu'elles foient,
& de quelque nature qu'elles puiflent
être. Les autres font particulieres
aux œuvres d'un certain ordre, &
d'une efpece particuliere.

Je mets au premier rang les fuivan-
tes. Afin qu'une action foit bonne,
il faut qu'elle foit commandée de
Dieu, il faut qu'elle foit faite volontairement, qu'elle ait une bonne fin,
qu'elle foit faite avec foi, avec charité &c.

Les conditions du fecond ordre
font en tres grand nombre, chaque
efpece particuliere de bonnes œuvres
ayant fes conditions particulieres.
Autres par exemple font celles de la
priere, autres celles de l'aumône, &
ainfi du refte.

Mon deffein n'eft pas de parler
maintenant des conditions particulieres. Cela me meneroit extrémement
loin, & d'ailleurs tout cela n'eft pas
de mon fujet. Je me contenterai de
parler de celles, qui font communes
à toutes, parce qu'en effet le fujet de
ce

ce Traité n'eſt autre choſe que les bonnes œuvres en general.

CHAPITRE III.

Premiere condition. Une action pour être
bonne doit être conforme a la loi
de Dieu.

LA premiére condition neceſſaire
pour faire une bonne action,
c'eſt qu'elle ſoit conforme à la loi
de Dieu. Ceci même ſuffit pour faire que cette action ſoit bonne en ſon
genre. Mais afin qu'elle le ſoit abſolument il faut quelque choſe de
plus, comme on le verra dans la
ſuite.

Cette conformité emporte deux
choſes. L'une que Dieu n'ait pas
défendu cette action ; l'autre qu'il
l'ait commandée. La premiére eſt
d'une neceſſité abſoluë. Si ceci ſeul
manque, tout le reſte ne ſert de rien,
n'é-

n'étant jamais permis de faire le mal, tel qu'eft toûjours ce que Dieu défend, non pas même lors que ce mal peut procurer quelque bien. Je fai que ceci eft directement oppofé aux fentimens du vulgaire, qui s'imagine qu'une bonne intention peut rendre, non feulement innocentes, mais louables & vertueufes, les actions les plus criminelles. Mais je fai auffi que rien n'eft plus faux que cette imagination, comme il me feroit aifé de le démontrer, fi je ne l'avois déja fait dans mon difcours de l'Intention, qu'on peut voir dans la premiere partie de mes Effais de Morale. C'eft ce qui m'empêche de m'y arrêter. Je tâcherai feulement de lever deux difficultés, que je n'ai pas touchées dans cet endroit-là.

Il femble en premier lieu que Jefus Chrift décide formellement le contraire, & par fon exemple, & par fa doctrine. Dieu avoit expreffement deffendu de faire aucun travail le jour du Sabbat. Cepen-

Cependant S. Matthieu rapporte au chapitre XII. de son Evangile que les Apôtres pressés de la faim, avoient pour la soulager cueilli quelques épis, & les avoient froissés, nonobstant la solemnité de cette journée. Jesus Christ lui même avoit en ce même jour guéri miraculeusement un homme qui avoit une main séche. Les Pharisiens condamnerent sans hésiter ces deux actions, & soûtinrent que c'étoient autant de profanations du jour du repos. Mais Jesus Christ leur fit voir manifestement le contraire. Il leur allega l'exemple de David, & de ceux de sa suite, qui bien que Laïques, mangerent des pains de proposition, dont la loi ne permettoit l'usage qu'aux seuls Sacrificateurs. Il leur allega ces paroles de Dieu rapportées par le Prophéte Ozée, *Je veux misericorde, & non point sacrifice*, qui prouvent invinciblement que la charité autorise à faire de certaines choses que Dieu a défenduës. Il leur réprésenta qu'il n'y avoit personne, qui trouvant une bre-

bis

bis tombée dans une foſſe ſe fît un ſcrupule de la relever le jour du Sabbat.   D'où il conclut que tant ſon action, que celle de ſes Diſciples, étoit innocente.

Il ſemble qu'on peut conclure de là qu'une bonne intention, & en particulier celle de faire du bien au prochain, donne le droit de faire ce que Dieu a défendu.   Il ne faut pas en effet s'imaginer de pouvoir éluder la difficulté en diſant que la Loi du Sabbat étoit une loi poſitive.   Car pour ne pas m'engager maintenant dans cette diſcuſſion, qui me meneroit un peu loin, il me ſuffit de ſavoir que juſqu'à ce qu'une loi poſitive ſoit abrogée, elle oblige de même que les naturelles, & qu'on ne ſauroit même la violer ſans pécher contre la loi naturelle, qui veut qu'en toute ſorte d'occaſions la creature obeïſſe à ſon Createur.

Pour lever abſolument la difficulté je dis qu'il y a bien de la difference entre faire à bonne intention une choſe que la loi condamne dans le

cas

cas même où se trouve celui qui agit, & faire une chose que la loi condamne en de certains cas, mais qu'elle ne condamne pas dans le cas particulier où l'on se trouve. Le premier n'est jamais permis, mais le second l'est toûjours.

Il y a des loix qui obligent en toute sorte de cas. Telles sont celles qui condamnent les actions mauvaises de leur nature, le mensonge, le parjure, la calomnie, l'incredulité, la haine de Dieu &c. Il y en a d'autres qui n'obligent qu'en de certains cas. Telles sont en general toutes les loix positives, pas une desquelles n'oblige lors qu'elles se trouvent opposées aux loix naturelles.

C'est ce qui avoit lieu dans les exemples marqués dans l'objection. L'obligation où l'on est de conserver sa propre vie, & de faire du bien au prochain vient de la Loi naturelle. Celle du Sabbat, qui sembloit le défendre, & qui défendoit peut-être de faire les mêmes choses en d'autres cas, étoit une loi positive. Elle n'obli-

n'obligeoit donc pas en ce cas-là, &
ni Jesus Christ, ni ses Apôtres, ne
la violoient pas, à parler proprement
& exactement.

Sur ce fondement on permet aux
Medecins de manquer aux exercices
de pieté, pour assister des malades,
qu'ils ne pourroient negliger sans les
exposer au danger de perdre la vie.

Je crains que ce que je viens de dire paroisse à plusieurs, non seulement faux, mais tres dangereux. J'ai
dit que les loix positives n'obligent
point dans les cas où l'on ne peut les
observer sans perdre la vie. On dira
que les anciens Juifs en jugerent tout
autrement, lors qu'ils aimerent mieux
se laisser massacrer par les ordres du
Roi Antiochus, que de manger des
viandes, dont la loi ceremonielle
condamnoit l'usage. On dira que les
Martyrs étoient aussi bien éloignez
de mon sentiment, lors qu'ils aimoient mieux s'exposer aux plus hor-
ribles tourmens, que de jetter deux
grains d'encens sur un foyer auprés
d'une idole.

Mais

Mais il eſt aiſé de répondre que manger des viandes, que la loi cérémonielle avoit deffenduës, & jetter quelques grains d'encens dans le feu, ſont à la verité deux actions indifferentes de leur nature, mais qu'à les conſidérer dans les circonſtances particulieres, où ces Martyrs ſe trouvoient, c'étoient deux actions directement oppoſées à la loi Morale : C'étoient autant de defaveus de la verité. C'étoient d'ailleurs des actions tres propres à ſcandaliſer le prochain. Ainſi les faire ç'auroit été violer, non quelques loix poſitives, mais les plus ſaintes, & les plus indiſpenſables des loix naturelles.

Il faut donc entendre ce que j'ai dit, que les loix poſitives n'obligent point, lors qu'on ne peut les obſerver ſans perdre la vie, il faut, dis-je, l'entendre en ce ſens, & avec cette exception, *à moins qu'en les violant, on ne viole auſſi quelque loi naturelle*, ce qui peut arriver fort facilement.

Cela ſuffira ſur le ſujet de la prémiére difficulté. La ſeconde eſt un peu

moins

moins embarraffante. On dira peut-
être que fi une action contraire à la
loi de Dieu ne peut jamais être bonne, il faudra condamner celle d'un
enfant né d'adultere ; mais qui ignore invinciblement la honte de fa naif-
fance, & qui voyant celui qu'il prend
pour fon pére maltraité par celui qui
l'eft véritablement, prendroit le parti du premier contre le fecond. Il
violeroit le cinquiéme commandement. Mais comme il le violeroit
fans le favoir, non feulement il ne
feroit pas coupable, mais toute la terre approuveroit fon action.

Je réponds que l'action de cet enfant eft bonne en effet, mais qu'elle
n'eft point du tout contraire à la loi.
La loi n'ordonne pas d'honorer le véritable pere. Si cela étoit il y auroit
des cas où elle ordonneroit l'impoffible. Elle ordonne feulement d'honorer celui qu'on regarde comme fon
pere, & qu'on a raifon de regarder
comme tel. Ainfi l'enfant dont il
s'agit ne violant pas cette loi, fon
action eft bonne, & la difficulté ne
fubfifte plus.   En

En un mot, il faut que l'erreur qui fait agir contre la lettre de la loi foit une erreur innocente, & vienne d'une ignorance invincible & involontaire. S'il en eſt autrement, la meilleure intention du monde n'empêchera pas que ce qu'on fait ne ſoit un peché. Témoin l'action de ceux dont Jeſus Chriſt dit qu'ils croiroient rendre ſervice à Dieu en faiſant mourir ſes Apôtres. Leur intention étoit bonne. Mais comme leur erreur étoit volontaire, leur action étoit tres mauvaiſe.

CHAPITRE IV.

Qu'il faut qu'une action ſoit commandée de Dieu pour être bonne.

CE que je viens de dire fait voir qu'afin qu'une action ſoit bonne, il faut qu'elle n'ait rien de contraire à la loi de Dieu. Mais ce n'eſt pas tout. Il faut qu'elle y ſoit conforme, & que Dieu l'ait commandée,

ou

ou *directement*, ou *indirectement*. Cette diftinction eſt importante, & refout diverſes difficultés.   Ainſi il eſt bon de l'éclaircir.

On dit que Dieu commande *directement* une action, lors qu'il la commande en elle même.   C'eſt ainſi qu'il nous commande de l'invoquer, de l'aimer, de lui obeïr, de donner l'aumône &c. Mais il commande *indirectement* tout ce qui eſt néceſſaire pour faire ce qu'il commande directement. Ainſi ſi je ne puis ſans m'incommoder, & ſans me priver d'un plaiſir innocent, aſſiſter un povre qui en a beſoin, je dois me priver de ce plaiſir, & Dieu me le commande indirectement en m'ordonnant d'aſſiſter ce povre. Je n'en donne point d'autre exemple.   Chacun peut en imaginer une infinité.

Afin qu'une action ſoit bonne, il ſuffit qu'elle ſoit commandée indirectement, & par conſequent qu'elle ſoit néceſſaire pour en faire une que Dieu nous ait commandée. Il ne faut pas même que cette neceſſité ſoit abſoluë.

foluë. Il fuffit que pour obferver le commandement il faille néceffaire- ment faire, ou l'action indifferente, dont nous parlons, ou quelque au- tre chofe de femblable. Par exemple, un povre a un befoin preffant d'un habit. J'en ai deux, de l'un defquels je puis me paffer. Je puis le lui don- ner. Mais je puis auffi le retenir, en lui donnant de l'argent pour en achetter un autre. Par conféquent ni l'un, ni l'autre n'eft néceffaire ab- folument, & déterminément: Mais l'un ou l'autre l'eft indéterminément. Cela fuffit pour faire que quel que ce foit de ces deux partis que je prenne, je faffe une bonne action.

Cela pofé de la forte, je dis qu'une action ne fauroit être bonne, fi elle n'eft commandée en quelqu'une de ces maniéres. Il faut bien que cela foit, puis que Dieu lui-même rejet- te ces cultes abominables des anciens idolâtres, qui immoloient leurs en- fans au faux Dieu Moloch, il les re- jette, dis-je, par cette feule raifon qu'il ne les avoit pas prefcrits. *Ils ont*, dit-il
(a), *élevé*

(a), *élevé les hauts lieux de Tophet, pour brûler au feu leurs fils & leurs filles, ce que je ne leur ai point commandé, & à quoi je n'ai jamais pensé.* Quelle seroit cette conséquence, si une action pouvoit être bonne sans avoir été commandée?

Aussi Dieu nous deffend expressement dans sa loi, & de rien retrancher de ce qu'il ordonne, & d'y rien ajoûter. *Vous n'ajoûterez rien à la parole que je vous commande, & n'en diminuerez rien* Deut. IV. 2. & XII. 32.

Sur ce fondement Jesus Christ condamne les observations que les Juifs avoient ajoûtées à la loi de Dieu, & que leurs Docteurs recommandoient comme autant de Traditions venuës de Moïse, & par conséquent de Dieu même. En effet, S. Marc nous apprend que les Pharisiens s'étant plaints à ce grand Sauveur, de ce que ses Disciples n'observoient point les Traditions des Anciens, & particulierement celle de laver leurs mains, il leur répondit, *Certainement Esaïe a bien prophetisé de vous, hypocrites, comme il est*

B 2

écrit,

____
(a) Jer. VII. 31.

écrit, *Ce peuple-ci m'honore de ses levres,* *mais leur cœur est bien fort éloigné de moi.* *Mais en vain m'honorent-ils, enseignant des doctrines, qui ne sont que des commandemens des hommes.* Marc VII. 6. 7.

S. Paul de même rejette les devotions volontaires introduites par les faux Docteurs de son temps, disant aux Colossiens, *Que nul ne vous maîtrise à son plaisir par humilité d'esprit, & service des Anges, s'ingerant dans les choses qu'il n'a point veuës, étant témerairement enflé du sens de sa chair. Si donc vous étes morts avec Jesus Christ, quant aux rudimens du monde, pourquoi vous charge-t-on d'ordonnances, comme si vous viviez au monde, savoir, ne mange, ne goute, ne touche point? qui sont toutes choses périssables par l'usage, étant établies suivant les commandemens & les doctrines des hommes; lesquelles ont toutesfois quelque apparence de sagesse, en devotion volontaire, & humilité d'esprit, & en ce qu'elles n'épargnent nullement le corps, & n'ont aucun égard au rassasiment de 'a chair..* Col. II. 18. 20. 21. 22. 23.

On peut voir par là l'état qu'on doit faire

faire de la plûpart des devotions qu'on pratique dans la communion Romaine, telles que font les difciplines, les pelerinages, la diftinction des viandes, l'ufage des fcapulaires, & les autres pratiques femblables. Je ne dirai pas maintenant qu'elles font contraires, pour la plûpart, à la loi de Dieu. Comme cette confideration n'eft pas de ce lieu, je me contente de dire que Dieu ne nous les a jamais commandées, & qu'ainfi il peut dire fur leur fujet, *qui a requis cela de vos mains?* Ceci feul fuffit pour faire voir que toutes ces obfervations font abfolument inutiles.

On dira, peut être, que je viens moi même de reconnoitre qu'afin qu'une action foit bonne, il fuffit que Dieu nous l'ait commandée *indirectement.* On ajoûtera que Dieu a commandé de cette maniere ces menuës devotions dont j'ai parlé, puis qu'il nous a commandé d'écouter l'Eglife, & d'obeïr à nos Conducteurs, & que cette Eglife, & ces Conducteurs recommandent fortement ces chofes.

Ce

Ce raisonnement seroit convaincant s'il étoit vrai que Dieu eût donné à l'Eglise le pouvoir de faire des loix distinctes des siennes, & qui obligent la conscience hors des cas de mépris & de scandale. Dans cette supposition j'avouë qu'il faudroit pratiquer ces choses, & que le faire ce seroit faire de bonnes actions. Mais comme nous n'admettons point cette supposition, l'objection, qui n'a que ce fondement tombe d'elle même. On peut voir ce que j'ai dit sur ce sujet dans mon Traité de la Conscience, livre I. chapitre X.

CHAPITRE V.

Qu'il ne suffit pas qu'une action soit permise, ou commandée, si on ne sçait avec certitude qu'elle l'est.

CE que je viens de dire ne suffit pas, & n'épuise point tout ce qu'il y a d'indispensable dans cette premiére condition. Ce n'est pas assez

fez qu'une action foit conforme à la
loi de Dieu en la maniere qu'on vient
d'indiquer.   Il faut encore qu'on fa-
che qu'elle l'eft, & qu'on en ait quelque certitude.   Imaginons nous en
effet que dans la verité de la chofe
l'action foit permife, ou même commandée de Dieu, mais qu'on fe figu-
re le contraire, & qu'on la regarde
comme deffenduë.   Si nonobftant ce
faux jugement qu'on en fait, on ne
laiffe pas d'agir, on péche, & on
tombe dans une faute, qui en de certaines occafions n'eft pas moindre que
celle que l'on commet en faifant ce
que Dieu a deffendu.   C'eft ce que
je croi avoir prouvé dans mon Traité
de la Confcience, liv. II. chap. VIII.

Mais pour éclaircir tout ceci un peu
davantage, il faut remarquer qu'il peut
arriver que l'efprit fe trouve à cet é-
gard en cinq differens états lors que
l'on agit.   On peut I. regarder l'action que l'on fait, comme criminelle, foit qu'elle foit telle en elle même, foit qu'elle foit innocente, ou
même loüable. II. On peut douter fi

elle

elle est bonne ou mauvaise, je parle d'un doute proprement dit, qui consiste à suspendre son jugement, & à s'abstenir de prononcer, soit parce qu'on ne voit point de raison, qui incline l'esprit à prendre, ni l'un, ni l'autre des deux partis, soit parce que les raisons des deux partis paroissent d'une égale force. III. On peut soupçonner que ce que l'on fait est criminel, & en avoir quelque crainte, quoi qu'on juge positivement le contraire. IV. On peut penser qu'il est innocent, & le penser d'un coté sans avoir de bonnes raisons de le croire, & de l'autre sans avoir aucun soupçon du contraire. V. On peut-être assuré que ce qu'on fait est innocent.

J'ai déja dit que le premier est tres certainement criminel, & je l'ai prouvé dans l'endroit que j'ai cité. J'ai fait voir dans ce même endroit que le second n'est pas innocent, & en effet agir dans le temps qu'on doute si l'action est bonne ou mauvaise, & qu'on regarde l'un & l'autre comme également possible, c'est faire voir qu'on

n'a

n'a ni amour pour Dieu, ni respect pour sa volonté, ni àucune sensibilité pour le grand interêt de nôtre salut. Car enfin si on avoit aucun de ces sentimens, on ne s'exposeroit pas au danger terrible d'offenser Dieu, & de se perdre, comme on fait en agissant de la sorte.

Que diroit-on d'un homme, qui étant averti qu'une viande qu'on lui sert est empoisonnée, & n'ayant pas plus de raison de croire qu'elle ne l'est point, que de se persuader qu'elle l'est, ne laisseroit pas d'en manger? N'agiroit-il pas avec une brutalité digne d'une bête? on peut dire la même chose de celui qui agit avec un tel doute, & s'il y a quelque difference, elle consiste uniquement en ce que le danger auquel il s'expose en péchant, est incomparablement plus grand que celui qu'on court en mangeant d'une viande, qui peut être empoisonnée.

C'est pour cette raison que saint Paul parlant de ceux qui n'étant pas instruits de la liberté, où Jesus

Christ

Chrift nous a mis à l'égard des viandes, dont la Loi de Moïfe avoit deffendu l'ufage, craignoient de pécher
s'ils en mangeoient, dit aux Romains,
Celui qui fait fcrupule eſt condamné s'il en
mange, car il n'en mange point par foi. Or
tout ce qui n'eſt point de foi eſt un péché.
Rom. XIV. 23.

Le troifiéme eſt au fond ce qu'on
appelle ordinairement des fcrupules.
J'ai dit dans mon Traité de la Confcience liv. II. chap. XIII. ce que je
penfe fur ce fujet, & rien ne m'oblige à y revenir.

Le quatriéme n'eſt pas fans difficulté. En effet, il y a, ce femble, de la
dureté à condamner toutes les actions
qu'on fait fans avoir de bonnes raifons pour s'affeurer qu'elles font permifes. Dans cette fuppofition combien peu en feront les fimples, qui
foient vraiment bonnes; eux dont les
lumiéres font fi courtes, & les no-
tions fi confufes?

Mais auffi d'un autre côté fi de méchantes raifons, fur lefquelles on fe
perfuade qu'une action eſt bonne,

peu-

peuvent faire qu’elle le foit, les pe-
chés mêmes pourront être de bonnes
actions.   En effet un homme qui fait
une bonne action, n’ayant que de
méchantes raifons pour fe perfuader
qu’elle l’eft, n’agit pas plus prudem-
ment qu’un autre, qui par de femblables raifons fe perfuade qu’une action, que je fuppofe mauvaife, eft
permife.   Ainfi il eft impoffible que
celle du fecond foit mauvaife, fi celle du premier eft bonne.

Je croi qu’on peut appliquer ici ce
que j’ai dit ailleurs fur le fujet de la
foi. Il y a bien de la difference entre
avoir de bonnes raifons, qu’on ne pe-
netre pas, & n’en avoir que de mauvaifes.   Le premier n’empêche pas
qu’une action ne foit bonne.   Mais
le fecond ne fauroit fuffire.   Si donc
les fimples ont de bonnes raifons, encore qu’ils n’en comprennent pas toute la force, leur action ne laiffera pas
d’être bonne: Mais elle ne fauroit
l’être s’il n’ont que de méchantes raifons pour fonder le jugement qu’ils
en font.

B 6   Le

Le dernier n'a point de difficulté. On agit bien lors qu'on est bien seur que ce qu'on fait est commandé de Dieu. C'est dequoi on ne peut douter.

CHAPITRE VI.

Seconde condition necessaire à une bonne œuvre. Elle doit être volontaire.

IL faut en deuxiéme lieu qu'une œuvre pour être bonne soit volontaire, & cette seconde condition n'est pas moins necessaire que la precédente. Qu'une œuvre en effet soit aussi excellente en son genre, & aussi fortement recommandée de la part de Dieu qu'on voudra. Si on ne la fait que par force, & si la volonté n'y a point de part, elle ne sauroit être bonne & agreable à Dieu.

Une action est volontaire lors qu'elle est, ou un acte immédiat de la volonté, & ou un effet, une suite d'un tel acte. En effet, il y a des actions
que

que la volonté produit immédiatement, & par elle même, fans l'in-
tervention d'aucune faculté inferieu-
re. Tels font par exemple l'amour,
la haine, le defir, la crainte. Il y en
a d'autres qui outre le mouvement de
la volonté demandent l'action de quelque autre faculté. Par exemple l'aumône, qui outre la volonté de donner emporte le don actuel, par lequel la main tranfporte ce que l'on
donne, & le remet entre les mains
de celui qui le reçoit.

Il fuffit qu'une action foit volontaire en l'une, ou en l'autre de ces
deux manieres, pour être bonne.
Mais fi elle eft abfolument involontaire, elle ne fauroit être, ni bonne,
ni mauvaife. Or deux chofes rendent
les actions involontaires, la contrainte, & l'ignorance.

Par la contrainte on entend l'effet
d'une violence étrangere, qui fait
qu'on agit, à la verité, mais qu'on agit
malgré foi, & contre fon inclination.
Mais il eft bon de favoir qu'il y a une
double contrainte. L'une eft une con-
train-

trainte pleine, parfaite, & entiere,
qui confiste à faire des chofes, aufquelles la volonté repugne pofitive-
ment, abfolument, & à tous égards.
Telle eft, par exemple, la contrainte
d'un homme, à qui on tient la main,
& qu'on force malgré lui à figner
un contract qu'il detefte, & qu'il ne
figneroit jamais fi on ne l'y contrai-
gnoit. L'autre eft une contrainte
imparfaite, ou comme quelques-uns
l'appellent, une demi-contrainte, qui
emploie, non la force, mais les menaces, les coups, & les autres vio-
lences femblables, & s'en fert à porter les autres à faire ce qu'ils ne feroient point d'eux mêmes. C'eft
ainfi que les voleurs forcent les paf-
fans à leur donner leur argent.

La contrainte pleine & parfaite
ruine de telle forte la liberté, que les
actions qu'elle porte à faire, n'ont,
ni aucune bonté, ni aucune malice
morale, & ne font imputées, ni à
vice, ni à vertu. Mais il n'en eft
pas de même de la contrainte imparfaite. Elle fait que les actions qu'el-

le

le porte à faire, quoi que commandées de Dieu, ne font pas bonnes.
Mais elle n'empêche pas que celles
qu'il a deffenduës ne foient mauvaifes.

Cette feconde verité eft inconteftable. Si elle ne l'étoit pas, on ne
pourroit, ni blâmer, ni condamner
ceux qui defavouent la verité parmi
les fupplices, & le martyre feroit l'action du monde la plus infenfée. On
pourroit s'en difpenfer, & defavouer
la verité, fans offenfer Dieu, & cette action qui eft fi criminelle, feroit
innocente, puis qu'elle ne feroit pas
pleinement & parfaitement volontaire, & qu'on ne s'y porteroit que pour
éviter les fupplices, & les autres
mauvais traitemens, dont on eft menacé.

Mais quoi que cette contrainte imparfaite ne fuffife pas pour rendre innocent ce qui eft deffendu, elle fuffit
pour faire que ce qui eft commandé
ne foit pas louable. Elle ruine la bonté de l'action, quoi qu'elle n'en ôte
pas la malice. Ceci eft furprenant,
mais

mais en effet rien n'eſt plus certain. Car enfin un homme qui ne fera une action que Dieu a commandée, que parce qu'on l'y force par des coups, & par des menaces, ne fera pas une bonne action, & perſonne ne croira qu'il en doive être loüé.

La raiſon eſt que, comme S. Auguſtin l'a fort judicieuſement remarqué, c'eſt dans le cœur que la volonté de Dieu s'exécute. C'eſt ce cœur qu'il demande ſur toutes choſes, & c'eſt à ce cœur qu'il donne principalement ſes loix. Or dans le cas propoſé le cœur eſt oppoſé à la volonté de Dieu. Il hait ce bien même qu'on fait exterieurement. On ſouhaitteroit de ne le pas faire. Par conſequent l'action ne peut être bonne.

Mais, dira-t-on, quelle eſt la raiſon de la differrence? Et d'où vient qu'un certain degré de liberté, qui ſuffit pour faire un peché, ne ſuffit pas pour faire une bonne action? Je réponds que cela vient de la verité de la maxime que j'ai indiquée dans

le

le fecond chapitre de ce Traité.
C'eft qu'il y a cette grande difference entre le bien & le mal, qu'un
feul défaut fuffit pour faire le mal,
au lieu que plufieurs perfections ne
fuffifent point pour faire le bien.
La prefence de la plûpart ne fait
rien lors qu'il y en manque une
feule.

Une action à demi forcée, foit
commandée, foit deffenduë, eft un
compofé de bons, & de mauvais
mouvemens. Elle eft donc mauvaife à tout prendre, parce qu'elle a
neceffairement quelque défaut effentiel. C'eft ce qui paroîtra plus clairement par cet exemple.

Imaginons-nous deux hommes,
l'un orthodoxe, l'autre hérétique,
qu'on force tous deux par des coups,
ou par des menaces, à abjurer leur
Religion. Il y a trois chofes dans l'action de l'un & de l'autre. Il y a premiérement l'action externe. C'eft la
foufcription de l'abjuration. Il y a en
deuxiéme lieu une volonté efficace de
faire cette action externe, je veux
dire

dire de figner ce qu'ils regardent comme faux. Il y a en troifiéme lieu une repugnance, qui naît d'un amour foible, j'en conviens, mais fincere, pour la verité, foit réelle, foit putative.

Cet acte d'amour pour ce qu'on regarde comme veritable, eft bon fans doute. Mais comme la volonté efficace qui triomphe de cet amour, & qui eft fuivie de l'action externe, eft tres criminelle dans l'un & dans l'autre, le compofé qui refulte de l'action externe, & des mouvemens interieurs, eft mauvais, & fait dans l'un & dans l'autre un véritable péché.

Je conclus de là qu'une action à demi contrainte peut fort facilement être mauvaife, puis qu'il y a toujours une volonté efficace, oppofée à la volonté de Dieu. Mais elle ne fauroit être bonne, y ayant toûjours un, ou même plufieurs deffauts effentiels, qui étouffent le peu de bien qu'il y peut avoir. Par confequent il faut beaucoup plus de liberté pour faire

une

une bonne action, que pour un peché, & cette propofition, qui paroît
d'abord un paradoxe incroyable, eft
une verité folide & certaine.

Que fi la crainte d'un mal, dont
on eft menacé par les hommes, empêche que l'action, qu'elle porte à
faire, quoi que commandée de Dieu,
ne foit bonne, comment peut-on
douter que la crainte de la punition
de Dieu ne faffe le même effet ? Comment peut-on douter que ce ne foit
fort inutilement qu'on fait le bien, lors
qu'on ne le fait que par l'apprehenfion
de l'enfer ? *Lors*, dit S. Auguftin,
*qu'on fait le bien, non par l'amour de la
juftice, mais par la crainte de la punition,
on ne fait pas bien le bien même, & ce qu'on
femble faire au dehors, ne fe fait pas dans
le cœur, puis qu'on aimeroit mieux ne le
pas faire, fi on le pouvoit impunément.*

On voit encore par là ce qui fait
que la fimple attrition n'eft pas capable de convertir le pécheur, & de
plaire veritablement à Dieu. En effet celui qui ne fe repent d'avoir peché, que parce qu'il craint d'en être
puni,

puni, hait bien la punition, mais il ne
hait pas le peché. Il l'aime toûjours, &
le rechercheroit toûjours, s'il le pouvoit impunément. Et n'eſt-ce pas là
une tres mauvaiſe diſpoſition?

J'ai dit en deuxiéme lieu que l'ignorance rend les actions involontaires,
& la raiſon en eſt évidente. C'eſt que
la volonté n'a pour objet que le bien
ou le mal connu. Ainſi il eſt impoſſible de vouloir ce qu'on ne connoit
point. Par conſequent afin qu'une
action ſoit volontaire, comme elle
doit l'être pour être bonne, il faut
néceſſairement qu'on la connoiſſe.
Cette connoiſſance même doit avoir
deux divers objets, ce qu'elle a de
bon & de louable, & ce qu'elle a de
contraire à nos intérêts temporels.

Car pour le premier, lors qu'on
fait une action bonne en elle même,
ſans ſavoir qu'elle le ſoit, & la cro-
yant mauvaiſe, ou indifferente, on ne
fait pas une bonne action. On en fait
une mauvaiſe, ou indifferente, ſelon
l'opinion qu'on en a.

Il n'en eſt pas de même des actions
crimi-

criminelles en elles mêmes. Elles ne deviennent pas bonnes, encore qu’on les croie telles, à moins que l’erreur qui les fait prendre pour bonnes, ne soit innocente & involontaire. Car ceci posé elles peuvent devenir bonnes, comme on l’a veu dans l’un des chapitres précédens.

Pour le second, il arrive assez souvent qu’on fait par un bon principe des actions qu’on ne feroit pas si on savoit tout le danger auquel on s’expose en les faisant. Par exemple on prête une somme d’argent à un homme, de qui on espére de la retirer, ne sachant pas qu’il est insolvable. On perd cette somme, & cette perte qui augmenteroit considérablement le prix de l’action, si on l’avoit preveuë, n’est comptée pour rien lors qu’on ne la regarde pas comme possible.

Je conclus qu’afin qu’une action soit bonne il faut qu’on sache distinctement ce qu’on fait, & que voiant toutes les raisons, qui peuvent porter à la faire, & toutes celles qui peuvent en dé-
tour-

tourner , on méprife ces dernieres,
& on leur prefere les premieres. C'eſt
alors que l'action ſera veritablement
bonne.　Elle le ſera au moins à proportion que cette connoiſſance ſera
plus diſtincte , & plus étenduë.

CHAPITRE VII.

*Troiſiéme condition.　L'action ne doit rien
avoir qui ne convienne aux circonſtances qui l'accompagnent.*

LA bonté d'une action ne dépend
pas ſeulement de ce qu'elle eſt en
elle même, & dans ſa nature, mais
encore des circonſtances qui l'accompagnent.　Ces circonſtances font un
tel effet, que ce qui eſt bon & louable dans de certaines conjonctures,
eſt mauvais & criminel en d'autres.
Ceci eſt tres ordinaire , & l'on en
trouvera des exemples dans ce que je
vai ajoûter.

On compte ordinairement juſqu'à
ſept

sept principales circonstances. La première comprend les qualités de celui qui agit. La seconde est la qualité, ou la quantité de l'objet. La troisième est le lieu. La quatriéme les moyens qu'on emploïe, & les secours qu'on a. La cinquiéme est la fin qu'on se propose. La sixiéme la maniere en laquelle on agit, & la septiéme le temps.

Parmi ces sept circonstances il y en a une beaucoup plus importante que les autres, & qui a une influence particuliere sur la bonté, ou la malice de l'action, savoir la fin qu'on se propose. Elle n'est pas d'ailleurs sans difficulté. C'est pourquoi nous la separerons des autres, & renverrons au chapitre suivant ce que nous avons à dire sur son sujet. Dans celui-ci nous ne parlerons que des six autres.

La premiére est trés importante. Pour bien juger d'une action il faut prendre garde aux qualitez de celui qui la fait, ou qui doit la faire. Car il est certain, non seulement que ce qui convient à l'un, ne convient pas toû-

toûjours à l'autre, mais encore que
ce qui est bon & loüable en l'un, est
souvent criminel dans l'autre. Cent
choses sont permises à un Prince, qui
ne le sont pas à un sujet. Il y en a
d'autres qui conviennent assez à des
sujets, & qu'on ne pardonneroit pas
à des Princes. Autres sont les devoirs
d'un maître, & autres ceux d'un serviteur. Un Pere n'est pas dans les
mêmes engagemens qu'un enfant,
& ceux d'un enfant sont tout autres
que ceux d'un Pere. L'âge, le sexe,
la profession, le genre de vie, la po-
vreté & les richesses, la bassesse &
l'élevation, le pouvoir & l'impuissance, & le reste des qualitez semblables, mettent une difference considerable entre les devoirs des personnes en qui elles se trouvent, Ainsi
cette circonstance est une de celles
qui meritent le plus qu'on y ait é-
gard.

Je dis la même chose de la seconde. Elle comprend les qualitez & la
quantité de l'objet sur lequel on agit.
Celle-ci fait encore le même effet.

Ce

Ce qui est innocent, ce qui est même bon & nécessaire par rapport à un certain objet, est criminel par rapport à un autre. Il est permis à un pere de châtier son enfant. Il est permis à un Magistrat de punir un de ses sujets, qui a failli. Mais il ne l'est pas à un enfant, ou à un sujet de punir son pere, ou son Juge. Un Juge fait fort bien en faisant mourir un criminel, & il feroit fort mal s'il faisoit souffrir le même supplice à un innocent.

La quantité est encore trés considerable. L'aumône est quelquefois si petite, & si peu proportionnée à l'indigence du povre, que Dieu ne la compte pour rien. Quelquefois aussi elle est si grande, qu'elle est excessive, & fait paroître plûtot de la prodigalité que de la charité. Un Juge peut faire souffrir à un criminel un supplice, & trop doux, & trop rigoureux. Un larron pêche plus ou moins à proportion que ce qu'il dérobe est plus ou moins precieux, & plus ou moins nécessaire. Un hom-

C

me

me qui tue eft plus coupable que celui qui fe contente de battre , & ainfi du refte.

La troifiéme circonftance eft celle
du lieu. Cela feul change quelquefois la nature de l'action. Qui ne fait
qu'il y en a de celles qui font innocentes lors qu'on les fait en fecret,
& qui feroient tres mauvaifes fi on les
faifoit en public? Combien auffi n'y
en a-t-il pas , qui font permifes &
neceffaires dans un lieu profane , dans
une maifon, fur la ruë, ou à la cam-
pagne , & qui ne le feroient pas dans
un temple?

Je dis la même chofe de la quatriéme circonftance, qui comprend les
moyens dont on fe fert pour faire ce
que l'on fait. Ces moyens font quelquefois innocens, & alors l'action eft
permife. Quelquefois auffi ils font
criminels, & alors l'action eft mauvaife. Il y a une infinité de péchés
qui ne viennent que de cela feul. Il
eft, par exemple, permis d'amaffer du
bien. Mais il ne l'eft pas d'en amaffer par la fraude , par la violence , par
l'in-

l'injuftice. Il eft permis de fe faire une bonne reputation. Mais il ne l'eft pas de n'en être redevable qu'à l'hypocrifie. Il eft permis d'amener les errans à la connoiffance de la verité, mais il ne l'eft pas de les forcer à l'embraffer, & de les perfecuter dans ce deffein. On pourroit produire une infinité d'exemples femblables. Mais comme chacun peut les trouver de foi-même, il n'eft pas néceffaire de s'y arrêter.

Je paffe la cinquiéme circonftance, qui eft la fin, & je m'arrête à la fixiéme, qui eft la maniere. Elle diverfifie fort fouvent la qualité des actions. Il y en a de celles qui font bonnes, lors qu'on les fait avec vehemence, & qui font mauvaifes lors qu'on les fait nonchalamment & languiffamment, témoin la priere, & l'exercice du faint miniftere. Il y en a plufieurs qui font bonnes lors qu'on les fait avec difcernement, & avec douceur & qui font mauvaifes lors qu'on les fait aigrement & étourdîment, par exemple, les reprehen-

C 2

fions.

fions. D'autres qui font louables lors qu'on les fait de bon cœur, & avec plaifir, & qui ne font comptées pour rien lors qu'on les fait à regret & à contrecœur, comme l'aumône, & les autres fecours qu'on donne à ceux qui en ont befoin. La maniere en laquelle on fe nourrit, on fe loge, on s'habille, fait, ou la frugalité, la fobrieté, & la modeftie, ou le luxe & l'intemperance. La maniere en laquelle on parle de foi, ou des autres, fait auffi des effets directement oppofés.

Enfin la derniere circonftance eft celle du temps. Elle mérite auffi bien que les autres qu'on y ait égard. En effet, tout ne convient pas à tout temps, & le Sage a remarqué que chaque chofe a le fien. Ce qui eft bon le jour, ne l'eft pas la nuit. Ce qui eft permis un jour fur fémaine ne l'eft pas un jour de Dimanche. D'ailleurs la durée de l'action peut en changer la nature. Il eft permis, par exemple, d'employer une certaine quantité de temps à manger,

à

à s'habiller, à dormir à se repofer,
à fe divertir. Mais il ne s'enfuit
pas de là qu'on ne péche en confu-
mant trop de temps à quelle que ce
foit de ces chofes. Il eft certain même que cela feul fait une infinité de
péchez.

N'y ayant donc aucune de ces circonftances qui ne puiffe changer la
nature de nos actions, & les rendre
mauvaifes, de bonnes qu'elles peuvent être d'elles mêmes, il eft clair
que nous n'en devons jamais faire aucune, fans prendre garde s'il n'y a rien
dans la conjoncture particuliere où
nous nous trouvons, qui faffe cet effet à l'égard de l'action que nous allons faire, & que négliger ce foin
c'eft s'expofer au danger de pécher
& d'offenfer Dieu en faifant les chofes mêmes qu'il a commandées.

On peut voir encore par-là combien il eft difficile de juger de la bonté
d'une action. En effet, pour ne s'y pas
tromper il faudroit premiérement
connoître toutes les circonftances qui
l'accompagnent, & favoir enfuite ce

C 3

que

que chacune de ces circonſtances con-
tribuë à la rendre bonne ou mauvaiſe.
Il faudroit les comparer exactement
les unes avec les autres, parce qu'en
effet il y en a de celles qui ne font leur
effet que lors qu'elles ſont ſeules, &
qu'il arrive ſouvent qu'elles ſont ef-
facées & contrebalancées par d'autres. Comme il n'y a peut-être perſonne, qui puiſſe ſe vanter de connoître exactement tout ceci, ſur tout
à l'égard de châque action particulié-
re, il eſt clair qu'il n'y a perſonne qui
ſoit en état de prononcer là-deſſus.
C'eſt ce qu'il ſeroit à ſouhaitter que
l'on voulût bien conſiderer. Rien ne
ſeroit plus efficace pour reprimer cette
liberté, ou pour mieux dire cette li-
cence exceſſive & inſupportable, que
la plûpart ſe donnent de juger des actions de leurs prochains, & de prononcer là deſſus d'un ton auſſi ferme, &
d'une maniere auſſi déciſive, que s'ils
avoient toutes les lumieres neceſſaires
pour ne courir aucun riſque de s'y
tromper.

CHA-

CHAPITRE VIII.

Quatriéme condition. Une bonne action doit avoir une bonne fin.

Rien n'est plus essentiel à une bonne action, qu'une bonne fin. La fin est dans la Morale ce que font les premiers principes à l'égard de la connoissance. Tout dépend de là, & si la fin qu'on se propose est mauvaise, l'action quelle qu'elle soit d'ailleurs, ne sera jamais innocente. C'est la doctrine constante de S. Augustin. Il soûtient que ce qui distingue les vertus des vices ne consiste pas tant dans ce que l'on fait, que dans la fin qu'on se propose en le faisant. *Noveris,* dit-il (a), *non officiis, sed finibus, à vitiis discernendas esse virtutes ; officium est autem quod faciendum est ; finis propter quem faciendum est. Cum itaque facit homo aliquid, ubi peccare non videtur, si non propter hoc facit, propter quod facere de-*

C 4

(a) Aug. cont. Jul. lib. 4. cap. 3.

debet peccare convincitur. C'eſt pourquoi il conclut que la meilleure action qu'il ſoit poſſible d'imaginer, ſi elle n'a pas une bonne fin, non ſeulement n'eſt pas bonne, mais eſt criminelle. *Quicquid boni fit ab homine, & non propter hoc fit, propter quod fieri vera ſapientia præcipit, etſi officio videatur bonum, ipſo non recto fine peccatum eſt.*

Mais avant que de déſigner cette fin, il faut remarquer qu'il ne s'agit pas ici de la fin prochaine & immediate, mais de la derniere. En effet, la fin prochaine & immediate n'eſt d'ordinaire qu'un ſimple moyen. C'eſt la derniere fin qui merite proprement ce nom, & c'eſt elle auſſi qui fait conſtamment & univerſellement les bonnes & les mauvaiſes actions.

Cela poſé, je dis que la derniere fin que nous devons nous propoſer dans nos actions c'eſt Dieu. Comme il eſt le premier principe de toutes choſes, il eſt juſte qu'il en ſoit auſſi la derniere fin. Et c'eſt-là auſſi ce que

que l'Ecriture nous apprend en plufieurs endroits. *Dieu a fait tout pour lui même*, nous dit le Sage (*a*). *En lui, par lui, & pour lui font toutes chofes*, nous dit l'Apôtre S. Paul (*b*). Par confequent c'eft lui feul que nous devons nous propofer pour derniere fin de nos actions. Mais c'eft ce qui emporte trois diverfes chofes, qu'il eft bon de ne pas confondre.

I. Nous devons avoir pour but dans toutes nos actions de poffeder Dieu. En effet il eft naturel à l'homme, non feulement de fouhaiter le bonheur, mais encore de ne rien faire que dans ce deffein. Ainfi le bonheur de l'homme ne confiftant qu'en la poffeffion de Dieu, il eft évident que cette poffeffion doit être la fin de nos actions. Par confequent le principe de ces actions doit être cet amour de Dieu, qu'on appelle communément amour de concupifcence, ou amour d'intérêt.

II. Dans tout ce que nous faifons nous devons penfer à plaire à Dieu, & à le fervir. *Nous nous étudions*,

C 5

dit

(*a*) Prov. XVI. 4.   (*b*) Rom. XI. 36.

dit S. Paul *(a)*, *de lui être agréables pre-*
sens & absens. Et S. Pierre dit *(b)* que
nous sommes une sacrificature, pour offrir
des sacrifices spirituels agréables à Dieu par
son Fils. S. Paul de même assûre *(c)*
que Jesus Christ *est mort pour tous, afin*
que ceux qui vivent, ne vivent plus à eux
mêmes, mais à celui qui est mort, & res-
suscité pour eux.

III. Nous devons avoir en veuë d'a-
vancer par nos actions la gloire de
Dieu. *Faites luire vôtre lumiére devant*
les hommes, nous dit Jesus Christ *(d)*
afin que les hommes voyant vos bonnes œu-
vres glorifient vôtre Pere qui est dans les
Cieux. Et S. Paul *(e), Soit que vous*
mangiez, ou que vous beuviez, ou que vous
fassiez quelque autre chose, faites le tout à
la gloire de Dieu. Ailleurs *(f)* il veut que
les Philippiens soient *remplis de fruits de*
Justice, à la gloire & louange de Dieu.

Voilà ce que c'est que rapporter
nos actions à Dieu, & qu'en faire la
derniére fin de tout ce qu'on fait. Je
dis

(*a*) II. Cor. V. 9.   (*b*) I. Pier. II. 5.
   (*c*) II. Cor. V.   (*d*) Matt. V. 16.
   (*e*) I. Cor. X.   (*f*) Phil. I. 15.

dis maintenant que ce devoir eſt d'autant plus juſte, qu'on ne ſauroit y manquer ſans tomber dans un deſordre effroïable. En effet, ſi Dieu n'eſt pas la derniere fin de nos actions, il faut néceſſairement ou que nous en ayons quelque autre, ou que nous n'en ayons aucune.

Je ne ſai ſi ce dernier eſt poſſible. Selon tous les Philoſophes, l'homme ne ſauroit agir ſans ſe propoſer quelque but. Mais ſuppoſons que cela ſe puiſſe. Il eſt certain au moins qu'agir ſans ſavoir pourquoi on agit, & ſans avoir aucun but, aucune fin qu'on ſe propoſe, ce n'eſt pas agir ſagement & judicieuſement. C'eſt agir d'une maniere fole & étourdie, & par conſequent indigne d'un homme, & à plus forte raiſon d'un Chrétien.

Que ſi on a quelque fin diſtincte de Dieu, il faut de neceſſité que ce ſoit une creature. Mais y a-t-il aucune créature, quelque excellente qu'elle puiſſe être, dont on puiſſe faire ſa derniere fin? Lui donner cet-

C 6

te

te qualité n'est-ce pas se rendre coupable d'un double excés, l'un de ravir à Dieu ce qui lui appartient, l'autre de donner à cette créature ce qui ne lui appartient point? N'est-ce pas là encore une véritable idolâtrie? Car enfin rapporter tout à Dieu comme à nôtre derniére fin est le plus grand honneur qu'on puisse lui rendre. C'est le culte le plus parfait, & l'adoration la plus profonde, qu'il soit possible de lui offrir. Par consequent deferer ce culte, cette adoration, cet honneur, à une créature quelle qu'elle soit, c'est idolâtrer.

C'est principalement sur ces veritez que S. Augustin a fondé ce qu'il enseigne si constamment en divers endroits de ses Oeuvres, & que les Peres qui l'ont suivi, ont soûtenu avec tant de force, savoir que les Infidelles, qui ne connoissent point le vrai Dieu, ne sauroient faire de bonnes œuvres. Il dit que ces œuvres peuvent bien avoir de l'éclat & de l'apparence, mais qu'elles ne sauroient avoir de véritable bonté.
(a) *Sunt opera quæ videntur bona sine fide Christi.*

(a) Aug. in Joan. Tract. 25.

Christi, & non sunt bona , quia non refe-
runtur ad eum finem ex quo sunt bona. Il
y a des œuvres faites sans la foi de Jesus-
Christ, qui paroissent bonnes, mais qui ne
le sont pas, parce qu'on ne les rapporte pas à
la fin qui fait les bonnes. Je ne rapporte
pas les autres endroits de ce Pere, &
de ses Disciples, où ils soûtiennent les
uns & les autres cette verité. On peut
les trouver dans Jansenius *de statu na-*
tura lapsa. Lib. IV.

Les Jesuites, & plusieurs autres,
répondent qu'à la verité ces Infideles,
qui ne connoissent point le vrai Dieu,
ne sauroient lui rapporter formellement & expressement les œuvres
qu'ils font, mais que rien n'empêche
qu'ils ne les lui rapportent d'une maniere implicite, qui consiste à faire
des choses, qui peuvent servir à glorifier Dieu. Ils disent qu'encore que
les Infidelles ne sachent pas que ce
qu'ils font peut avoir cet usage, &
qu'ainsi ils n'ayent garde d'y penser
lors qu'ils agissent, cela seul que Dieu
peut en être glorifié suffit pour rendre
leurs actions bonnes & louables.

Mais

Mais outre que S. Auguftin, & les Peres qui l'ont fuivi en ont jugé autrement, il me femble que cette penfée eft, non feulement fauffe, mais abfurde, & infupportable. Car enfin fi pour faire une bonne action, il fuffifoit qu'elle puiffe fervir à avancer la gloire de Dieu, non feulement les actions indifferentes, telles que font les civiles & les naturelles, mais encore les plus criminelles, pourroient être bonnes. Car qui peut douter qu'elles ne fervent toutes à avancer la gloire de Dieu. Qui peut douter que l'action des Juifs qui crucifierent nôtre Sauveur n'ait contribué extrémement au falut du monde, & par confequent à la gloire qui en revient, à la fageffe & à la mifericorde de Dieu? qui ne fait ce que Jofeph difoit à fes freres, *vous l'avez penfé en mal, mais Dieu l'a penfé en bien?*

Il faut donc quelque chofe de plus que ce rapport implicite dont on nous parle, pour faire de bonnes actions. Il faut un rapport exprés & formel, infeparable d'une penfée actuelle, &

par

par conséquent d'une connoissance de la fin à laquelle on rapporte ce qu'on fait. Sans cela il n'y sauroit avoir d'œuvre qui soit vraiment bonne.

En effet, on ne peut douter que rapporter directement & formellement nos actions à Dieu, comme à nôtre derniere fin, ne soit quelque chose de bon & de louable, & qui par conséquent plaît à Dieu. Mais si cela est pourquoi ne veut-on pas qu'il nous l'ait commandé dans les endroits que j'ai rapportés, & dont on ne peut nier que le sens propre & naturel ne soit celui-ci? Pourquoi par exemple ne veut-on pas que S. Paul ait regardé à ceci lors qu'il nous a dit, *Quoi que ce soit que vous fassiez, faites-le tout à la gloire de Dieu*, ou *pour la gloire de Dieu?* Pourquoi faut-il donner la gêne à ce passage, & aux autres semblables, pour leur faire dire quelque autre chose?

Enfin, on ne peut nier, ni que Dieu ne doive être, & ne soit de droit, la derniere fin de toutes choses, ni que

que s'en propofer quelque autre
ne foit un renverfement criminel.
Comme donc il eft impoffible de ne
pas rapporter formellement fes actions à Dieu, fans les rapporter formellement à quelque autre chofe,
je ne voi pas comment on peut foûtenir qu'on peut faire une bonne action fans penfer à Dieu. A quelque
autre chofe qu'on penfe on dérobe à
Dieu ce qui lui appartient, & on le
tranfporte à des objets aufquels cet
honneur n'appartient point, ce qui
fait, non feulement un peché, mais
un double peché.

Il faut cependant remarquer que
lors qu'on dit qu'il faut rapporter
expreffement & formellement nos
actions à Dieu, on n'entend pas
qu'il y faille penfer actuellement
pendant tout le temps qu'on met à
agir. Cela n'eft pas néceffaire. Il
fuffit d'un côté qu'on y ait penfé lors
qu'on a réfolu l'action, & de l'autre
que cette deftination de l'action n'ait
pas été revoquée par une deftination
nouvelle. Lors qu'un homme va
quel-

quelque part, il n'eſt pas neceſſaire
qu'à chaque pas qu'il fait il penſe actuellement au lieu où il va. Il ſuffit
qu'il y ait penſé lors qu'il eſt parti, &
que dans la ſuite il n'ait point chan-
gé de deſſein. La même choſe a lieu
dans toute ſorte d'actions, & par conſequent dans les bonnes.

CHAPITRE IX.

*Cinquiéme condition. L'amour de Dieu
doit être le principe de nos bonnes
œuvres.*

CEtte condition eſt une ſuite immediate, ou peut-être même
une ſimple explication de la precédente. En effet, il faut ſavoir que dés là
même qu'on agit pour une fin, on
aime cette fin, puis que ſi on la haïſ-
ſoit, ou même ſi on la mépriſoit, &
ſi on la regardoit avec indifference,
elle ne porteroit pas à agir. C'eſt
pourquoi ſelon toute la Philoſophie

il est essentiel à la fin d'être bonne, ou veritablement, & en elle même, ou du moins dans l'imagination de celui qui se la propose. *Bonum & finis convertuntur*, disent d'ordinaire les Philosophes.

Si donc Dieu doit être la derniere fin de nos actions, il est évident que son amour doit en être le principe, & c'est là bien moins une consequence, qui joigne ensemble deux veritez distinctes, qu'une même verité exprimée diversement, & proposée en deux manieres un peu differentes.

Quoi qu'il en soit, il est certain que l'amour de Dieu est absolument necessaire à toute sorte de bonnes œuvres. C'est ce que S. Paul fait entendre fort clairement lors qu'il dit que souffrir le martyre, & donner tout son bien aux pauvres, sans charité, c'est ne rien faire. Dire ceci n'est-ce pas dire que la charité doit être le principe de ces deux actions, & par consequent de toutes les autres?

C'est là encore ce qu'il insinuë lors qu'il assure que la charité est l'accomplis plissement de la loi, ce qui a beaucoup de conformité avec ce que Jesus Christ dit dans l'Evangile, que toute la loi, & tous les Prophétes se reduisent à ces deux points, que nous aimions Dieu de tout nôtre cœur, & nôtre prochain comme nous mêmes. *La fin du comman-dement*, dit ailleurs l'Apôtre S. Paul, *c'est la charité qui procéde d'un cœur pur, & d'une bonne conscience, & d'une foi non feinte.* I. Tim. I. 5.

On dira peut être que cette charité, dont il est parlé dans tous ces endroits, n'est pas l'amour de Dieu, mais uniquement l'amour du prochain, & qu'ainsi la preuve que j'en tire n'est pas solide. Mais j'ai deux choses à repliquer.

La premiére, que quand même ce qu'on prétend seroit veritable, ma preuve ne laisseroit pas de subsister. En effet, si nous aimons regulierement le prochain, nous ne l'aimerons qu'à cause de Dieu, parce qu'il est l'enfant de Dieu, parce qu'il porte l'image de Dieu, parce que Dieu l'aime, parce que Dieu veut que nous l'aimions.

Une

Une affection qui viendroit d'une autre principe feroit une affection purement humaine, de l'ordre de celles qu'on voit parmi les Payens, &
parmy les Turcs, mais ce ne feroit pas
une veritable charité. Comme donc
c'eft aimer Dieu que d'aimer le prochain à caufe de Dieu, il eft clair
que dire que l'amour du prochain
eft néceffaire pour faire de bonnes
œuvres, c'eft dire qu'on ne peut
fe paffer pour cela de l'amour de
Dieu.

J'ajoûte en deuxiéme lieu que ce
que cette objection fuppofe n'eft pas
veritable. Ce n'eft pas l'amour du
prochain qui eft la fin & l'accompliffement de la Loi. Elle eft tout
au plus la fin & l'accompliffement
de la feconde Table. Encore n'eft-
ce qu'en la maniere que je viens
d'indiquer, c'eft à dire en renfer-
mant l'amour de Dieu. Mais pour
ce qui regarde la premiere Table, elle tend directement & formellement à l'amour de Dieu. C'eft pourquoi Jefus Chrift dit expreffement
que

que la Loi & les Prophétes se reduisent à ces deux devoirs, l'un que
nous aimions Dieu de tout nôtre
cœur, l'autre que nous aimions
nôtre prochain comme nous-mêmes.

J'ajoûte qu'il y auroit quelque
chose de bizarre à dire que l'amour
du prochain est le but, la fin, & le
centre de cette partie de la Loi de
Dieu, qui nous ordonne de croire
en lui, de l'aimer, de l'adorer, de
le craindre, de lui obeïr. Quoi
donc sans la consideration du prochain nous ne serions pas tenus de
nous aquitter de tous ces devoirs?
Rien ne me paroît plus absurde
que cette pensée, au lieu que rien
n'est plus raisonnable que de dire que tout ce que Dieu nous
prescrit dans sa sainte Loi aboû-
tit à l'aimer, & à aimer le prochain.

Ceci est d'autant plus naturel que
l'Ecriture nous apprend ailleurs
que l'amour de Dieu est le grand
motif,

motif, qui nous porte à faire ce qu'il ordonne. Témoin ce que Jesus-Christ nous dit au chap. X. de l'Evangile selon S. Jean, *Celui qui a mes commandemens, & les garde, c'est celui qui m'aime. Si quelqu'un m'aime, il gardera ma parole. Celui qui ne m'aime point ne garde point mes paroles. Si vous m'aimez, gardez mes commandemens.* Et S. Jean. *L'amour de Dieu est vraiment accompli en celui qui garde sa parole* I. Cath. II. 5. *C'est ici l'amour de Dieu, que nous gardions ses commandemens.* V. 3.

Je suis donc persuadé que par cette charité dont il est parlé dans les endroits que j'ai rapportés, il faut entendre l'amour de Dieu, & de tout ce que nous aimons à cause de Dieu. Ainsi une telle charité devant être le principe de nos bonnes œuvres, il est certain qu'elles ne sauroient être véritablement bonnes, si ce ne sont les suites & les effets de l'amour de Dieu.

Je viens de rapporter un passage, qui prouve directement cette verité. *Celui qui ne m'aime point*, dit le Fils de Dieu, *ne garde point mes paroles.* Rien ne seroit
plus

plus faux que ceci si on pouvoit faire des œuvres veritablement bonnes par quelque autre principe que par celui de l'amour de Dieu. Dans cette supposition on garderoit sa parole, & on ne l'aimeroit point. Ainsi Jesus Christ disant que cela est impossible, il nous fait entendre par là que ce n'est pas faire ce qu'il ordonne, que de ne le pas faire pour l'amour de lui.

C'est ce qu'on peut encore prouver par une autre consideration. L'Ecriture en une infinité d'endroits promet la vie éternelle, & toute la gloire du Ciel, à nos bonnes œuvres. Elle fait cependant entendre que ce Ciel n'est pas destiné pour ceux qui n'aiment point Dieu. *Si quelqu'un*, nous dit l'Apôtre S. Paul, *n'aime le Seigneur Jesus, qu'il soit anatheme maranatha. Si quelqu'un*, disoit-il lui même, *aime son pere ou sa mere plus que moi, il n'est pas digne de moi.*

Le moyen d'accorder ces deux veritez autrement qu'en disant que ces œuvres ausquelles l'Ecriture promet la gloire du Ciel, sont des œuvres dont l'amour de Dieu est le principe?

En

En effet, s'il en étoit autrement on pourroit faire de bonnes œuvres sans aimer Dieu. Et si cela étoit, que deviendroit-on? seroit-on sauvé? Mais si on l'étoit, comment subsisteroit ce que l'Ecriture nous dit, qu'il est impossible de l'être si on n'aime Dieu? Seroit-on damné? Mais si on l'étoit, que deviendroient les promesses que Dieu fait en tant d'endroits à nos bonnes œuvres? Il n'y a donc point d'autre voie pour accorder tout ceci, que de dire qu'il n'y a point de bonnes œuvres sans l'amour de Dieu.

Sur ce fondement S. Augustin fait entrer l'amour de Dieu dans la definition de toutes les vertus morales, comme une chose qui leur est essentielle, & qu'il est impossible d'en separer sans les détruire. Il dit que la prudence n'est autre chose qu'un amour circonspect & précautionné, qui fait discerner ce qui plait à Dieu d'avec ce qui l'offense; que la justice est l'amour soûmis, qui se contente de la portion que Dieu lui a assignée, sans porter la main sur la portion

tion des autres ; que la force est l'amour constant, qui fait entreprendre & exécuter les choses les plus difficiles, & supporter les plus rudes, pour plaire davantage à l'objet aimé ; que la temperance est l'amour pur, qui fait se conserver tout entier à ce même objet.

Ce même Pere, aussi bien que Leon I. soûtient qu'il n'y a que deux amours, qui soient les principes de nos actions, l'amour du Créateur, & celui de la créature. Il dit que le premier est le principe des bonnes œuvres, & le second celui des pechez. Voyez Jansenius *de statu naturæ lapsæ Lib.* 3. *cap.* 19.

Ce sentiment a divers partisans dans la communion Romaine, mais il y a aussi beaucoup d'adversaires. Plusieurs soûtiennent que la charité & la cupidité ne sont pas les seuls motifs qui nous font agir. Ils en indiquent un troisiéme, qui est, selon eux, la beauté des actions louables & vertueuses, & leur conformité avec les maximes de la droite raison. Ils

D

disent

difent qu'on peut aimer la vertu pour
la vertu même, & fans faire aucune
attention aux avantages qui peuvent
en revenir. Ils foûtiennent qu'il y a
eu plufieurs Payens qui n'ont eu que
ce feul motif pour faire ces grandes
actions qui les ont faits admirer, &
cela pofé ils prétendent que fi ces actions n'avoient pas cette efpece de
bonté „ qu'ils appellent une bonté
Theologique & *furnaturelle*, elles avoient
au moins cette autre bonté, qu'ils nomment *morale*, & *Philofophique*, & qui
les rendoit dignes de loüange, bien
loin que ce fuffent autant de pechez.

Mais premiérement ils s'éloignent
en cela du fentiment de S. Auguftin,
qui n'a pas feulement foûtenu que ces
actions n'étoient pas veritablement
bonnes, mais a dit fans rien menager
que c'étoient de veritables pechez.

Il ne s'eft pas contenté de le dire.
Il l'a prouvé par plufieurs raifons,
dont l'une des plus confiderables eft
celle-ci, que la vertu étant une créature, s'y arrêter, ne la rechercher
que pour elle-même, & par confequent

quent en faire fa derniere fin, c'eft
faire fa derniere fin d'une créature,
ce qui ne peut être que criminel, cette gloire n'appartenant qu'au feul
Créateur.

On pourroit peut-être ajoûter que
la vertu feparée de toute relation à
Dieu, & confiderée telle qu'elle feroit, fi par une fuppofition impoffible, Dieu n'exiftoit pas, n'eft rien
qu'un fantôme, qui n'a, ni aucune
beauté, ni aucune neceffité. Mais
comme ceci fouffre de grandes difficultez, & ne peut être éclairci fi on
n'entre dans de longues difcuffions,
qui ne font pas de ce lieu, je n'ofe-
rois m'y appuyer, ni confeiller à mon
Lecteur de le faire.

J'aimerois mieux dire une autre
chofe, qui eft plus fenfible. C'eft
qu'aimer la vertu pour elle même,
& à caufe de fa propre beauté, c'eft
uniquement l'aimer parce qu'elle
nous rend plus parfaits, & plus accomplis. C'eft par confequent l'aimer à caufe de nous mêmes, & par
un mouvement d'amour propre. Par

 con-

conſequent encore c'eſt l'aimer cri-
minellement, puis que c'eſt faire de
ſoi même ſa derniere fin.

Ce n'eſt pas, je l'avoue, aimer la
vertu, parce qu'on la conſidere comme le moyen de plaire aux autres.
Mais c'eſt l'aimer parce qu'on la conſidere comme le moyen de ſe plaire
à ſoi même, & de s'applaudir à ſoi-
même. C'eſt toûjours ſe chercher ſoi-
même, & vouloir jouir de ſoi même.

On dira peut-être qu'à la verité ce
que je viens de dire peut arriver, mais
qu'il peut arriver auſſi qu'on aime tellement la vertu, qu'il n'entre aucun
mouvement d'amour propre, aucune veuë d'interêt, dans cet amour
qu'on lui porte. On dira qu'il paroît bien qu'on l'aime quelquefois de
cette maniere, puis qu'on l'aime,
non ſeulement en ſoi-même, mais
dans les autres, ſans en excepter les
plus mortels ennemis : d'où l'on
conclura que ce que je viens de dire
n'eſt pas perpetuel, ce qui ſuffit pour
détruire la preuve que j'en ai tirée.

Cette

Cette objection est assez specieuse, mais elle n'a point de solidité. J'avoüe qu'on peut aimer & estimer la vertu dans les autres, même dans des ennemis. Mais je ne conviens pas que l'amour propre n'y ait aucune part. Je soûtiens au contraire que c'en est le veritable principe. Il y entre même en plusieurs façons.

On aime la vertu dans un ennemi, pour pouvoir se dire à soi même qu'on est équitable, & qu'on sait rendre justice au merite par tout où on le voit, sans se laisser aveugler par la passion.

On aime la vertu par tout, parce qu'elle est utile par tout. Ainsi on souhaitteroit que tout le monde en suïvît les loix, parce qu'on en profiteroit, & qu'on seroit incomparablement plus heureux qu'on n'est.

On aime la vertu dans les autres, parce qu'on est bien aise de se pouvoir dire que les autres en jugent de même que nous, & qu'ainsi nous avons raison de nous y appliquer. En un mot, nous sommes bien aises de voir

que les autres aiment ce que nous aimons, par la même raison qui fait que
nous sommes ravis de voir qu'il croyent ce que nous croyons, & qu'ils
pensent sur châque chose ce que nous
en pensons. Nous voulons avoir des
garents de la solidité de nos jugemens, & de la regularité de nôtre conduite.

En un mot, l'amour propre se mêle
toûjours dans ce que nous croyons
faire sans intérêt, & il n'y a qu'un
moyen de s'affranchir de ses illusions
& de ses surprises. C'est de n'aimer
que Dieu, & de ne rien faire qu'à cause de lui.

Il me reste encore une difficulté à
éclaircir. Quelqu'un peut-être dira
qu'il y a bien de la difference entre rapporter ses actions à Dieu,
& les faire par amour pour Dieu. En
effet on peut les faire par un pur esprit
d'obeïssance & de soûmission pour ses
volontez, ce qui ne paroît pas moins
louable, que de les faire par un mouvement d'amour. Car enfin sa grandeur suprême nous engage aussi fortement

tement à lui obeïr, que sa bonté à l'aimer.

Mais il est aisé de répondre qu'à la verité la soûmission pour la volonté de Dieu est un motif excellent pour nous porter à faire de bonnes œuvres. Mais c'est à condition qu'elle soit jointe à l'amour, & qu'elle en soit même l'effet & la suite. Il n'en est pas de même si elle vient d'ailleurs. En effet, si on ne se soûmet à la volonté de Dieu, que parce qu'on apprehende d'en être puni, c'est une obeïssance d'esclave, à laquelle Dieu n'a aucun égard. Mais si on lui obeït, parce qu'on ne veut pas lui déplaire, il paroît par là même qu'on l'aime, & ainsi ce motif n'est pas distinct du premier. C'est ce que Jesus Christ nous apprend lors qu'il dit que si quelqu'un l'aime, il gardera ses commandemens. Il faut entendre par là qu'on ne lui obeït que parce qu'on l'aime.

Il est d'ailleurs impossible de lui obeïr sans l'aimer, car il n'y a rien qu'il nous recommande plus fortement que de l'aimer. Par consequent ne le pas

aimer

aimer c'est lui desobeir, c'est violer
la plus sainte, & la plus indispensable de ses loix.

CHAPITRE X.

*Que l'amour de Dieu, qui doit être le
principe de nos bonnes œuvres, est un
amour de bienveillance.*

JE suis donc persuadé qu'une œuvre ne peut être bonne, si l'a-
mour de Dieu n'en est le principe. Mais de quel ordre faut-il que soit
cet amour? On convient dans les Eco-
les de la Theologie qu'il y a un double amour de Dieu, l'un qu'on appelle *de bienveillance*, & l'autre de *concupiscence*. Par ce dernier nous-nous
attachons à Dieu comme à nôtre sou-
verain & unique bien. Nous l'aimons,
parce que nous voulons être heureux,
& que nous ne pouvons l'être qu'en

le

le poſſedant. Par le premier nous
ſouhaittons de lui obeïr, de le ſervir,
de le glorifier, & de le voir ſervi, &
glorifié par toute la terre. Nous ſommes ſenſibles aux outrages qu’on lui
fait par tout, & ſi nous ne ſommes
pas en état de lui procurer, ni même
de lui ſouhaitter des biens qu’il
n’ait pas, puis qu’il les poſſede tous ſans
exception, nous ſommes du moins
bien aiſes de ſavoir qu’il en eſt pour-
vû ſi abondamment, & de le voir
ainſi élevé par deſſus le reſte des Etres.
L’amour propre eſt le principe de l’a-
mour de concupiſcence. Mais celui de bienveillance a ſon origine,
en partie dans l’admiration de ce que
Dieu eſt en lui-même, & en partie
dans la reconnoiſſance que nous a-
vons de ce qu’il a fait pour nous.
Ce dernier eſt un mouvement di-
rect, par lequel nous rapportons
tout à Dieu, & le premier eſt un
mouvement réfléchi, par lequel
nous rapportons en quelque ſorte
Dieu à nous mêmes. On demande

D 5 donc

donc lequel de ces deux amours doit être le principe de nos bonnes œuvres.

C'est à quoi je réponds sans hesiter que c'est l'amour de bienveillance. La principale raison que j'ai de le dire, c'est que si l'on pouvoit faire de bonnes œuvres sans avoir pour Dieu cette espece d'amour, qu'on appelle de bienveillance, on pourroit en faire sans charité. En effet, tous les Theologiens conviennent, que cet amour de Dieu, qu'on appelle de concupiscence, n'appartient pas à la charité, mais à l'esperance Chrétienne. L'esperance emporte deux choses, l'amour du bien qu'on espere, & l'asseurance qu'on a de le posseder. Car on n'espere, ni ce qu'on méprise, ni ce qu'on regarde comme impossible. Ainsi l'esperance Chrétienne ayant pour objet Dieu même, & sa possession, ce qui fait qu'on l'appelle une vertu Theologique & surnaturelle, Il est clair qu'elle renferme essentiellement cet amour de Dieu qu'on appelle de concupiscence.

Il est certain, au reste, que l'esperan-

rance est une vertu distincte de la charité. Car outre que toute la terre en
convient, S. Paul ne nous permet pas
d'en douter disant d'un côté que la foi,
l'esperance, & la charité, sont trois
choses. *Or maintenant ces trois choses de-
meurent ;* & soûtenant de l'autre que
la charité est la plus grande, & la plus
excellente des trois, ce qui ne pourroit subsister si la charité étoit la même
chose que l'esperance.

Rien donc n'est plus vrai que ce
que j'ai dit que si l'on pouvoit faire de
bonnes œuvres sans cette espece d'a-
mour de Dieu, qu'on appelle de bienveillance, on pourroit en faire sans
charité. Cette consequence est neceffaire, & on ne peut la nier sans rejetter le principe d'où je la tire. Elle
est pourtant fausse, comme on a peu
le voir dans le chapitre précedent.
Ainsi il n'y a point de doute que le
principe ne le soit, & qu'ainsi il ne
soit vrai de dire que l'amour de Dieu,
qui est si necessaire pour faire de bonnes œuvres est un amour de bienveillance.

D 6   II. Voi-

II. Voici une feconde preuve, qui confirmera cette premiere. Si l'amour de bienveillance n'étoit pas neceffaire pour faire de bonnes œuvres, on pourroit en faire fans être, ni juftifié, ni regeneré, ni par confequent en état de grace. La raifon en eft que rien n'eft plus effentiel à l'état de grace que cet amour de Dieu qu'on appelle de bienveillance. Imaginons-nous un homme abfolument dépourveu de cet amour. Imaginons-nous qu'il n'ait aucun mouvement de zele pour la gloire de Dieu, aucun defir de le voir fervi & adoré, aucune douleur des outrages que les Impies lui font châque jour. Qui croira qu'un tel homme puiffe fe vanter d'être du nombre de fes enfans? Qui croira qu'il ait reçu, ni la juftification, ni la regeneration? Qui croira en un mot qu'il foit en état de grace?

C'eft pourtant une chofe certaine & inconteftable, qu'on ne fera jamais de bonnes œuvres, fi on n'a été regeneré par la grace de Jefus Chrift.

C'eft

C'eſt ce grand Sauveur qui nous apprend cette verité. *Vous les connoitrez à leurs fruits. Cueille-t-on des grapes des épines, ou des figues des chardons? Ainſi tout bon arbre fait de bons fruits, mais le mauvais arbre fait de mauvais fruits. Le bon arbre ne peut faire de mauvais fruits, ni le mauvais arbre faire de bons fruits.* Matt. VII. 16. 17. 18. *Comme le ſarment ne peut de lui même porter de fruit, s'il ne demeure au ſep, ni vous auſſi ſemblablement, ſi vous ne demeurez en moi, car hors de moi vous ne pouvez rien faire.* Jean XV. 4. 5. Et S. Jean I. Ep. II. 5. *Celui qui garde ſa parole, l'amour de Dieu eſt vraiment accompli en lui, & par cela nous ſavons que nous ſommes en lui.* Et II. 29. *Quiconque fait juſtice eſt né de Dieu.*

N'étant donc pas poſſible, ni de faire de bonnes œuvres ſans être regeneré, ni d'être regeneré ſans aimer Dieu d'amour de bienveillance, il faut reconnoître que l'amour de bienveillance doit être abſolument néceſſaire pour faire de bonnes œuvres.

III. On ne peut nier que ne pas aimer Dieu

Dieu d'amour de bienveillance ne
foit un peché. Quoi? n'être pas touché de tout ce que Dieu a fait pour
nous. Savoir qu'il nous a créés, qu'il
nous a rachettez, qu'il nous a donné
fon Fils, fon propre Fils, qu'il l'a expofé pour nous à la cruelle mort de la
Croix, qu'il nous referve fon Ciel,
qu'il veut être lui même nôtre portion', & nous admettre à la poffeffion
des tréfors de fon effence immortelle,
favoir, dis-je, toutes ces chofes, & n'en
être nullement touché, n'avoir aucun
mouvement de reconnoiffance pour
tant de bontez, n'avoir aucun defir de
plaire à un Dieu fi bienfaifant & fi
charitable, ne vouloir rien faire pour
le fervir.   N'eft-ce pas là l'infenfibi-
lité du monde la plus criminelle ?

Comment donc eft-il poffible qu'un
homme qui non feulement fe rend
coupable d'un tel peché, mais qui s'y
obftine, & qui paffe toute fa vie fans
s'en affranchir, en pratiquant le devoir qui lui eft oppofé, foit l'objet
de l'amour de Dieu, comme il le feroit fi dans cet état il pouvoit faire de
bon-

bonnes œuvres ? L'état où il demeure toûjours n'eſt-il pas un état de peché, & d'oppoſition à la Loi de Dieu ?
Mais ce n'eſt pas tout.   N'eſt-il pas
vrai qu'il peche actuellement toutes
les fois qu'il fait quelque acte de cette autre eſpece d'amour, qu'on appelle de concupiſcence ? Par cet a-
mour il deſire de poſſeder Dieu, &
par conſequent il ſuppoſe que Dieu
veut ſe laiſſer poſſeder à nous. Mais
penſer actuellement à ceci, avoir dans
l'eſprit que Dieu eſt aſſez bon pour
nous admettre un jour à ſa poſſeſſion,
& n'être pas touché dans ce moment
même de cet excés de bonté, n'eſt-
ce pas un crime effroyable ?

IV. Si l'amour de concupiſcence
ſuffiſoit pour porter à faire de bonnes
œuvres, l'apprehenſion de l'enfer
pourroit faire le même effet.   Car
enfin craindre l'enfer, c'eſt craindre
de perdre Dieu, & craindre de perdre
Dieu, & deſirer de le poſſeder, eſt
dans le fond une même choſe.

V. On diſtingue d'ordinaire trois
divers ordres de perſonnes, qui s'ap-
pli-

pliquent bien ou mal à faire ce que 
Dieu commande, les esclaves, les
mercenaires, & les enfans. Les premiers le font par un mouvement de
crainte, & pour éviter la punition que
meritent ceux qui ne le font pas. Les
seconds le font par un principe d'intérêt, & pour se procurer la recompense que Dieu promet aux observateurs de ses Loix: & les derniers le
font par amour pour la justice, &
par reconnoissance pour les bienfaits
de celui qui leur prescrit ces devoirs.
Si l'amour de concupiscence pouvoit
être le principe de nos bonnes œuvres,
ce seroit fort mal à propos qu'on feroit cette distinction. Les enfans ne
seroient en rien differens soit des esclaves, soit des mercenaires. Ainsi il faut
renverser tout ceci, ou reconnoître
que l'amour de Dieu, qui est le principe de nos bonnes œuvres, est un amour
de bienveillance.

CHAPITRE XI.

Que cet amour de Dieu, qui doit être le principe de nos bonnes œuvres, est un amour dominant, & qui prefere Dieu à toutes choses.

JE suis donc trés persuadé que pour faire une bonne œuvre, il faut la faire par un mouvement de cet amour de Dieu, qu'on appelle de bienveillance. Mais voici une seconde question qui paroît beaucoup plus embarrassante que celle que je viens de décider. On demande si cet amour de Dieu, de quelque nature qu'il soit, doit être un amour dominant, & qui préfere Dieu à tout sans exception. On demande si un homme, qui aime quelque chose plus qu'il n'aime Dieu, fait une bonne action en aimant Dieu plus que quelque chose, & en s'en privant volontairement pour l'amour de lui.

Pour

Pour foulager l'imagination arrêtons nous au cas que j'ai pofé dans le
fecond volume de mes Effais. Imaginons nous un de ces idolâtres du
faux honneur, qui ont mieux aimé
perdre tout leur bien , & tous les
avantages qu'ils trouvoient en France, que d'abandonner leur Religion,
& qui neantmoins font toûjours prêts
à fe venger des outrages qu'on pourra leur faire, & à pouffer leur vengeance jufqu'aux dernieres extremi-
tez. Tous ceux-là ont aimé Dieu plus
qu'ils n'aimoient ce qu'ils ont perdu
pour l'amour de lui, comme ils aiment le faux honneur plus qu'ils n'aiment Dieu. On demande fi le facri-
fice qu'ils ont fait à Dieu en fortant
de France eft une bonne action, dont
Dieu leur tienne compte, ou fi c'eft
une action inutile, & par confequent
mauvaife.

Janfenius , Contenfon , & Huy-
gens docteur de Louvain, ne s'y arrêtent point. Ils foûtiennent que toute action qui part d'un veritable a-
mour pour Dieu, foit fort, foit foible,

ble, eſt une bonne action, & à laquelle Dieu a égard. Il eſt vrai qu'autant que j'en puis juger par tout ce
qu'ils diſent ſur d'autres ſujets, ils
ne veulent pas que cette action merite la vie éternelle. Car ils pretendent qu'une action ne ſauroit être
meritoire de la vie éternelle, ſi un
amour dominant n'en eſt le principe.

Je ne connois pas un ſeul de nos
Theologiens qui ait traitté cette queſtion. Ils n'ont pas accoûtumé d'entrer dans de tels détails; Mais je ne doute pas que s'ils s'y fuſſent appliquez
ils ne l'euſſent decidée d'une maniere oppoſée au ſentiment des trois Auteurs que j'ai indiquez. En effet, nos
Theologiens conviennent de deux
veritez, dont ce que je dis eſt la ſuite. L'une que ceux que la grace n'a
pas encore regenerez, ne ſauroient
faire de bonnes œuvres. L'autre que
ceux qui n'aiment pas Dieu par deſſus tout ne ſont pas encore regenerez. Si on admet ces deux veritez il
faut neceſſairement avouer que ceux
qui

qui aiment quelque chofe plus qu'ils
n'aiment Dieu ne font pas en état de
faire de bonnes œuvres.

Cependant ces deux veritez font
inconteftables. L'Ecriture les attef-
te nettement & formellement. Elle
nous dit qu'un mauvais arbre ne fauroit porter de bons fruits. Elle nous
dit que de nous-mêmes, comme de
nous-mêmes, nous ne faurions avoir
une bonne penfée, bien loin de pouvoir faire une bonne action. Elle
nous dit que la chair ne fe rend point
fujette à la Loi de Dieu, ajoûtant
même qu'elle ne le peut. Elle dit enfin
que fi quelqu'un ne hait fon pere & fa
mere, fa femme & fes enfans, fes fre-
res & fes fœurs, même fa propre ame,
c'eft à dire fa propre vie, il ne peut ê-
tre le Difciple de Jefus Chrift.

Je ferai voir dans la fuite qu'il n'y a
point de bonnes œuvres fans la foi, &
j'ai fait voir ailleurs que la foi eft infeparable de la pieté, & incompatible
avec un peché d'habitude, tel qu'eft
fans doute un amour permanent qui
prefere quelque chofe à Dieu. Si on
m'a-

m'avoüe ces deux veritez on ne sauroit me nier que l'amour de Dieu, je dis un amour dominant, ne soit absolûment necessaire pour faire de bonnes œuvres.

Le caractere par lequel Jesus Christ distingue la foi justifiante de la foi à temps, c'est que la premiere est un grain semé dans le cœur, & qui dans la suite porte du fruit, au lieu que la seconde n'en porte point. Ce fruit n'est autre que les bonnes œuvres. C'est ce qui ne souffre point de difficulté. Mais si cela est, la foi à temps ne sauroit produire de bonnes œuvres. Il est cependant certain que la foi de ceux qui aiment quelque chose plus qu'ils n'aiment Dieu, n'est pas une foi justifiante. C'est tout au plus une foi à temps. Ceci encore est incontestable dans nos principes. Il doit l'être par consequent, en supposant ces mêmes principes, que ceux qui aiment quelque chose plus qu'ils n'aiment Dieu, ne font jamais aucune œuvre qui soit veritablement bonne.

C'est

C'est ce qu'on peut encore prouver par une autre confideration. Il
n'y a point de bonnes œuvres, dont
le dehors ne paroifſe dans la vie, &
dans les actions de ceux qui aiment
quelque choſe plus qu'ils n'aiment
Dieu. Ils prient Dieu. Ils paroiſſent zelés pour ſa verité. Ils en ſoûtiennent les interets. Ils ſouffrent pour
elle. Ils ſe laiſſent enlever leurs biens.
Quelquefois même ils ſe laiſſent ôter
la vie. Ils font des aumônes confiderables. En un mot, ſi on ne peut pas dire
que parmi ces gens là il y en ait de ceux
qui pratiquent toutes les bonnes œuvres ſans exception, il eſt certain au
moins qu'il n'y a point de bonne
œuvre que quelqu'un d'entre eux
ne faſſe.

Si ces œuvres étoient veritablement bonnes, comment ſe pourroit-
il que ces gens-là vinſſent à perir ?
Car enfin il n'y a aucune de ces
œuvres à laquelle l'Ecriture ne pro-
mette le ſalut & la vie éternelle.
Peut-on ſoûtenir la verité immuable
de ces promeſſes, à moins que de
dire

dire qu'elles ne s'adreſſent qu'à ceux qui, non ſeulement font ces œuvres, mais qui les font en la maniere en laquelle Dieu veut qu'on les faſſe, & qu'ainſi celles de ces gens n'ont que le dehors des bonnes œuvres, & n'en ont pas l'interieur & la verité?

Tout cela me perſuade que les œuvres de ceux qui aiment quelque choſe plus qu'ils n'aiment Dieu, ne ſont pas veritablement bonnes. Mais quand même on ne voudroit pas me l'avouer, on ne me conteſtera pas au moins qu'elles ne ſoient inutiles, & qu'elles ne laiſſent périr éternellement ceux qui les ont faites. Cela me ſuffit, & reduit la diſpute à trés-peu de choſe. Car enfin quelle peut être la bonté de ces œuvres, qui n'empêchent pas ceux qui les font d'être les objets de la haine de Dieu ſur la terre, & les victimes de ſa juſtice dans la vie à venir? Ne faut-il pas que ce ſoit une bonté bien mince, & nullement en état d'entrer en comparaiſon avec les œuvres qui ſont les fruits d'un amour dominant, & qui prefere Dieu à toutes choſes? CHA-

CHAPITRE XII.

Sixiéme condition.   Une bonne œuvre doit être faite avec foi.

IL n'y a peut-être point de condition que S. Augustin, & les autres Peres, exigent plus souvent, ni plus formellement que la foy.   Ils soûtiennent que les Infidelles ne sauroient faire de bonnes œuvres. *Quelle bonne œuvre*, dit S. Augustin (*a*) *y peut-il avoir avant la foi, puis que l'Apôtre nous dit que tout ce qui est fait sans foi est un peché? Quelque état*, disoit-il ailleurs (*b*) *qu'on fasse des œuvres des Infidelles, nous savons que le jugement de S. Paul est certain & incontestable, Tout ce qui est fait sans foi est un peché.* S. Prosper de même (*c*).

Car si nos actions quoi que bonnes en soi,
Ne sont des fruits naissans du germe de la foi,   *Quel-*

(*a*) Aug. in Joan. Tract. 86.   (*b*) De gest,
Pel. cap. 14, (*c*) Prosp. de ingrat. cap. 16.

Quelque attrait specieux qui nous les ren-
de aimables,

Elles sont des péchez qui nous rendent cou-
pables.

Et leur gloire sterile enflant la volonté,
Augmente son supplice avec sa vanité.

Tous nos Theologiens soûtiennent la même chose, mais tous n'en donnent pas les mêmes preuves. La plûpart font exactement valoir ces paroles de S. Paul, que S. Augustin aussi a produites dans les endroits que j'ai rapportez. *Tout ce qui est fait sans foi est un péché* (a). Mais je crains que cette preuve ne soit pas solide. Selon toutes les apparences la foi en cet endroit-là n'est pas cette vertu qui nous justifie. C'est une persuasion forte de la bonté & de l'innocence de ce qu'on fait. S. Paul parle de ceux qui n'osoient manger des viandes que la loi avoit deffendues, & dit sur ce sujet, *Mais celui qui en fait scrupule, est condamné s'il en mange, car il n'en mange point avec foi. Or tout ce qui n'est point de la foi est un péché.*

E   II

(a) Rom. XIV. 23.

Il oppofe la foi à la crainte qu'on a
de pécher en faifant une action qui
n'eſt pas évidemment innocente. Cependant il eſt certain qu'on ne s'affranchit pas toûjours de cette ſorte
de crainte par des actes de foi divine.   Il eſt même aſſez rare qu'on le
puiſſe. Il ſuffit qu'on ait une certitude raiſonnable, & fort au deſſous de
la foi, comme je l'ai fait voir dans
mon Traité *de la Conſcience*.   Ainſi il
eſt fort croyable que cette foi dont
parle S. Paul eſt trés-differente de celle dont nous parlons.

Je croi qu'il y a plus de ſolidité
dans la preuve de cette verité, qu'on
prend de ce que S. Paul diſoit Heb.
XI. 6. *qu'il eſt impoſſible de plaire à Dieu
ſans la foi.* En effet, S. Pierre nous apprend au livre des Actes (*a*) que *Dieu
n'a point d'égard à l'apparence des perſonnes,
mais qu'en toute nation celui qui le ſert, &
s'adonne à la juſtice, lui eſt agréable.* Si
donc les Infidelles pouvoient faire de
bonnes œuvres, ils pourroient être
agréables à Dieu. Et s'ils pouvoient
                                    l'être,

____

(*a*) Act. X.

l'être, que deviendroit ce que dit S. Paul qu'il est impossible de lui être agréable sans la foi?

D'ailleurs l'Ecriture nous apprend que la foi purifie nos cœurs. C'est ce que S. Pierre asseure en autant de mots au livre des actes (a). Elle fait par consequent entendre par là que ceux qui ne possedent pas cette vertu sont remplis d'ordure & d'impureté, comme en effet S. Paul dit expressèment (b) que *rien n'est pur aux soüillez & aux Infidelles, mais que leur entendement & leur conscience sont soüillés; qu'à* la verité *ils font profession de connoître Dieu, mais qu'ils le renient par leurs œuvres, étant abominables & rebelles, & reprouvez à toute bonne œuvre.* Cela étant que faut-il attendre de ces gens là? Des ames aussi impures, que le sont celles des Infidelles, selon l'Ecriture, sont-elles capables de faire des œuvres veritablement bonnes? Ne faut-il pas que l'effet porte l'impression des qualitez de la cause qui le produit? *Qui est-ce qui tirera le net de ce*

E 2

qui

______

(a) Aѐt. XV. 9.   (b) Tit. I. 15. 16.

qui est soüillé? disoit en ce sens le saint homme Job. (*a*).

Enfin cette verité est une suite necessaire de celles que j'ai prouvées dans les chapitres precédens. J'ai fait voir que pour faire une bonne action il faut la rapporter à Dieu, comme à sa derniere fin. Et comment le fera-t-on, si on ignore, d'un côté que Dieu est la derniere fin de toutes choses, & de l'autre qu'il est de nôtre devoir de lui rapporter nos actions? Et comment découvrira-t-on des veritez de la nature de celles-ci sans la foi?

Pour faire une bonne œuvre il faut aimer Dieu souverainement, & par dessus tout. Et comment l'aimera-t-on de cette maniere, si on ne le croit assez misericordieux pour nous faire grace? Et comment le croira-t-on tel sans la foi?

On objecte ce que dit S. Paul (*b*) que *les Gentils qui n'ont point de foi font naturellement les choses qui font de la Loi.* Mais il est aisé de répondre qu'il y a bien de la difference entre faire ce que

(*a*) Job. XIV. 4.   (*b*) Rom. II. 14.

que la loi ordonne , & le faire en la
maniere en laquelle la loi ordonne
de le faire.   Les Payens font le premier , je l'avouë.   Ils font pluſieurs
choſes que la loi preſcrit. Ils rendent
à chacun ce qui lui appartient.   Ils
honorent ceux qui les ont mis au
monde.   Ils s'abſtiennent de l'homicide , de l'adultére, du larcin, du
faux témoignage. Mais ils ne font
pas tout cela par un bon principe.
Ils ne rapportent pas ces actions
à Dieu. Ils marchent, mais hors du
chemin, & par conſequent plus ils
s'avancent , plus ils s'égarent.   Je
ſai qu'on donne d'autres ſens à ce paſſage , mais celui-ci me paroît le plus
naturel.

On objecte encore ce que l'Ecriture dit que les Sages-femmes d'Egypte
craignirent Dieu , & que Dieu recompenſa le refus qu'elles firent d'obeïr
aux ordres injuſtes de Pharaon. Mais
il eſt étonnant qu'on ſe ſerve d'une
preuve auſſi foible que celle-ci. Car enfin comment prouve-t'on que ces femmes fuſſent infidelles ? C'eſt , dit-on,

qu'elles étoient Egyptiennes. Je veux qu'elles le fussent. Est-ce qu'on n'a jamais veu de Payen amené à la foi? Est-il plus difficile de croire que la grace ait pû donner la foi à des femmes Egyptiennes, qu'à Rahab, ou à Corneille le Centenier?

Mais j'ajoûte que l'Ecriture dit expressément que ces Sages-femmes étoient Hebreuës. *Le Roy d'Egypte*, dit-elle (a) *commanda aux Sages-femmes Hebreuës* &c.

Rien donc ne nous doit empêcher de reconnoître qu'on ne fera jamais de bonnes œuvres si on n'a la foi. Mais quelle est cette foi, qui est si necessaire pour cet effet? Contenson Thomiste moderne, & fort éloigné en tout le reste des sentimens des Jesuites, ne demande qu'une foi humaine, & naturelle, qui fasse connoître Dieu comme premier principe de toutes choses. Jansenius demande une foi divine, Chrétienne, & surnaturelle. Mais il ne croit pas qu'il soit necessaire que ce soit une foi formée, & accom-

(a) Exod. 1. 15.

accompagnée de la charité. Mais tout ce que j'ai dit jufqu'ici fait voir le contraire.

En effet, les preuves que j'ai données dans ce chapitre même de la néceffité de la foi, ou ne prouvent rien, ou prouvent que c'eft la foi juftifiante qui eft neceffaire. Et d'ailleurs j'ai fait voir dans le chapitre précédent que pour faire de bonnes œuvres il faut non feulement aimer Dieu, mais encore l'aimer fouverainement, & par deffus tout. Cela feul ne fait-il pas voir que la foi neceffaire pour faire de bonnes œuvres eft une veritable foi, une foi juftifiante, & infeparable de la charité?

D'ailleurs fi pour faire une bonne action, il ne faloit autre chofe qu'une foi humaine, & naturelle, comme Contenfon le prétend, on pourroit faire de bonnes œuvres fans le fecours de la grace. Car dans l'efprit de qui pourroit-il tomber que la grace foit néceffaire pour la production d'une foi humaine, & naturelle? Dés là

qu'elqu'elle est telle, elle est la production de la nature, & n'est nullement l'ouvrage du S. Esprit. Dire cependant qu'on peut faire de bonnes œuvres sans la grace, c'est le Pelagianisme tout pur. C'est ce qui a attiré les anathemes de l'ancienne Eglise sur cette heresie.

Le sentiment de Jansenius paroît un peu plus raisonnable que celui de Contenson. Il demande une foi divine & surnaturelle, en quoi il est bien fondé. Mais il se trompe en ce qu'il se contente d'une foi informe. Car outre que la foi informe n'est pas une foi divine, comme je l'ai prouvé dans le Traité que j'ai publié sur cette matiere, outre cela, dis-je, s'il ne faloit qu'une foi informe pour faire de bonnes œuvres, il seroit trés-possible d'en faire de telles sans la charité. Et ceci posé que deviendra ce que dit S. Paul qu'il ne sert de rien sans la charité de donner son corps pour être brûlé, & de distribuer tout son bien pour la nourriture des pauvres? Est-ce donc qu'il
ne

ne sert de rien de faire de bonnes œuvres? n'est-ce pas là le comble de l'absurdité?

Je conclus de tout ce que je viens de dire que pour faire de bonnes actions il faut, non seulement une foi divine & surnaturelle, mais une foi operante par la charité, une foi vraiment justifiante, & qui nous mette en état de plaire à Dieu.

Quelques-uns de nos Theologiens en rendent une raison, qui ne me paroît pas bien solide. Ils disent que ce qui rend la foi justifiante si necessaire pour faire de bonnes œuvres, c'est qu'il n'y a qu'une telle foi qui nous aplique le merite de Jesus Christ, & que c'est ce merite qui couvre les défauts & les imperfections de nos œuvres.

Si on se contentoit de dire que la foi est necessaire pour faire de cette maniere que Dieu accepte nos bonnes œuvres, & en supporte les imperfections, on ne diroit rien que de veritable, rien qui ne soit trés conforme à ce

E 5   que

que dit l'Apôtre S. Pierre, que nos
sacrifices spirituels sont agréables à
à Dieu par Jesus Christ. Mais ce n'est
pas là tout ce qui fait toute la bonté de
nos actions. Elles la tirent d'ailleurs,
de la grace, comme de sa source & de
son principe, & de la conformité qu'elles ont avec la Loi de Dieu, tant dans
leur substance, que dans la maniere
en laquelle nous les faisons, comme
de ce qui en fait la forme & l'essence.
C'est-là ce qui les rend bonnes, non
le merite de Jesus Christ, qui en couvre les imperfections.

Il ne faut donc pas s'arrester à cette raison, & le meilleur est de se con-
tenter des autres que j'en ai données.

CHA:

CHAPITRE XIII.

Septiéme condition neceßaire pour faire de bonnes œuvres. Les faire ſans re-pugnance.

Toutes ces conditions ne ſuffi-ſent pas pour faire des œuvres qui ſoient vraiment bonnes. Il y en a une ſeptiéme, qui eſt trés-neceſ-ſaire. C'eſt qu'on les faſſe avec joie, ou du moins ſans repugnance. C'eſt ce que S. Paul nous apprend ſur le ſu-jet de l'aumône, l'une des plus ex-cellentes de nos bonnes œuvres. *Que chacun,* dit-il, *faſſe ſelon qu'il a propoſé en ſon cœur, non point à regret, ou par con-trainte, car Dieu aime celui qui donne gaie-ment.* II. Cor. IX. 7. S. Jaques veut même que la joie accompagne les ac-tes de la patience. Témoin ce qu'il dit dés l'entrée de ſon Epître. *Mes fre-res, tenez pour une parfaite joye, lors que vous tomberez en diverſes tentations* Et

tous

tous les Apôtres étoient si penetrez de cette verité, qu'ayant été foüettez par les Juifs, ils faisoient paroître des transports de joie, *d'avoir été rendus dignes de souffrir de l'opprobre pour le nom de Jesus Christ.* Enfin le Roi Salomon nous apprend que cette joye doit accompagner toute sorte de bonnes œuvres sans exception. *C'est,* dit-il, *de la joie au juste de faire ce qui est droit.*

Il est certain, en effet, que lors qu'on fait le bien à regret & avec répugnance, on le fait fort mal, & on corrompt par là tout ce qu'il peut y avoir de loüable dans l'action même. Mais comme ceci, quoi que veritable, peut être mal pris, il sera bon de se donner quelque soin pour l'expliquer un peu nettement.

Je suppose en premier lieu qu'il n'est que trop ordinaire de voir dans les autres, & d'éprouver en nous mêmes, que lors qu'il se presente quelque occasion de faire de bonnes œuvres d'un certain ordre, on ne peut, ni s'y resoudre, ni sur tout en exé-

exécuter la résolution sans de grands
combats, & sans se faire de la violence. Ceci, je l'avouë, n'est ni égal,
ni perpetuel. En effet, il y a de ces œuvres qui ne coûtent rien, & qu'on
peut faire d'un côté sans renoncer à
aucun intérêt tant soit peu considerable, & de l'autre sans s'opposer à pas
un de nos penchans, du moins à pas
un de ceux qui sont un peu forts ; &
Et alors on s'y résout sans beaucoup
de peine. Faut-il, par exemple, qu'un
homme riche, & qui n'est pas naturellement avare, se fasse une fort grande
violence pour se resoudre à donner un
trés-petit secours à un povre, à qui
il est necessaire, & qui peut se passer
d'un plus grand ?

Mais il est vrai aussi qu'il y a de certaines œuvres qu'on ne peut faire sans
se priver de tout ce qu'on aime le
plus, & sans gêner terriblement nos
plus fortes, & plus naturelles incli-
nations. Quels efforts, par exemple,
ne faut-il pas à un homme naturellement interessé pour se résoudre, soit
à abandonner tout son bien, pour

la

la deffenfe de la verité, foit à s'en priver volontairement pour faire une ref-
titution qu'il croit neceffaire ? Quels
combats n'eft pas obligé à fe livrer un
homme qui aime la vie, & que Dieu
appelle à fceller par le martyre la profeffion de fa verité ? Quelle violence
n'eft-on pas contraint de fe faire pour
fe voir outragé infolemment fans s'en
émouvoir ?

Je fuppofe en deuxiéme lieu que les
repugnances qu'on fent dans ces occafions font injuftes & criminelles. Elles viennent premierement d'un mauvais principe, d'une attache exceffive
aux biens fenfibles & periffables, d'un
amour aveugle & déreglé de nous mê-
mêmes, en un mot, de tout ce qu'il y a
de plus criminel en nous, & qui s'oppofe le plus efficacement à nôtre falut.
Car enfin fi nous étions à cet égard
dans les difpofitions où nous devrions
être, il n'y a point de doute que nous
ne fiffions avec plaifir, & fans aucune
repugnance tout ce qui fe prefente à
faire dans ces occafions.

En deuxiéme lieu, elles marquent,
ou

ou une incrédulité totale, ou du moins une extréme foiblesse de foi. Car enfin si nous étions persuadés un peu fortement des veritez du salut, tous les intérêts de la terre ne nous seroient rien. Nous les regarderions avec le dernier mépris, & il ne nous faudroit point faire d'effort pour y renoncer toutes les fois qu'ils feroient obstacle à l'acquisition des biens éternels, que Dieu reserve à ses enfens dans le Ciel. Ainsi ne pouvoir se resoudre à quitter les biens de la terre, c'est faire voir qu'on ne compte gueres sur ceux du Ciel, ce qui est visiblement un défaut de foi.

Sur tout ces repugnances font voir qu'on manque d'amour pour Dieu. Car enfin si on l'aimoit, comme on devroit, ne se porteroit-on pas avec plaisir, & de tout son pouvoir, à faire tout ce qu'il pourroit exiger de nous? Ainsi ne le faisant qu'avec peine, il paroît clairement que nous ne l'aimons que foiblement & languissamment, ce qui ne peut être qu'insupportable.

Ces

Ces repugnances étant si visiblement criminelles, je dis en premier
lieu que plus on en a à faire quelque
bonne action, moins l'action est bonne, & qu'au contraire plus on a de
joye & de plaisir à la faire, plus l'action est louable, & agréable à Dieu.
C'est là à mon sens une chose qui ne
souffre point de difficulté.

Mais, dira-t-on, ces repugnances
corrompent-elles de telle sorte la bonté de l'action, qu'elle doive passer
pour mauvaise & pour criminelle
dés là qu'il a falu se faire quelque
violence pour s'y resoudre? C'est à
quoi la difficulté se reduit.

Pour la lever je réponds qu'il y a
des repugnances de telle nature,
qu'elles rendent l'action absolument
mauvaise, & qu'il y en a aussi de telles, qu'elles ne la rendent qu'imparfaitement bonne. Tout dépend de
savoir ce qu'on fait à l'égard de ces
repugnances. Les approuve-t-on?
Les souffre-t-on? Les combat-on
même sans aucun succez, en sorte
qu'elles durent, & qu'elles subsistent

rent pendant tout le temps qu'on a-
git? Si cela eſt, l'action n'eſt pas
bonne, & tout ce que j'ai dit dans
le commencement de ce chapitre le
prouve aſſez.

Mais ſi on les combat, ſi on les
ſurmonte, ſi on les étouffe, il arrive
deux choſes. L'une que l'action n'eſt
pas parfaitement bonne, l'autre qu'elle ne laiſſe pas de l'être veritablement.
S'il en étoit autrement à peine arriveroit-il aux plus ſaints de faire de bonnes œuvres. Et en effet, pour ne ſentir
jamais de ces repugnances il faudroit
que l'amour du bien ſenſible fût abſolûment détruit & ancanti dans nos
cœurs. Il faudroit que l'amour de Dieu
fût non ſeulement le principe dominant, mais l'unique principe de nos
actions. En un mot, il faudroit que nôtre ſainteté fût parfaite, & ſemblable
à celle des Anges. Comme il s'en faut
beaucoup que cela ne ſoit, & que la
chair demeure toûjours au dedans de
nous avec l'eſprit, il arrive qu'elle s'oppoſe aux inſpirations de l'eſprit, & que
tout

tout ce que l'efprit peut faire, c'eſt de
vaincre ſes repugnances. Mais cette
victoire ſuppoſe un combat, & par
conſequent des efforts, & des mouvemens oppoſez à ceux de l'eſprit.

Je croi donc qu'il faut diſtinguer
trois differentes manieres d'agir. La
premiére conſiſte à faire le bien avec
une joye parfaite, & ſans aucun mouvement de repugnance, qu'il faille
combattre. La ſeconde c'eſt de le faire avec des mouvemens de repugnance, que l'on combat, que l'on ſurmonte, & que l'on étouffe. La troiſiéme de le faire avec des mouvemens
de repugnance, qui durent, & qui
ſubſiſtent, ſoit qu'on les combatte,
ſoit qu'on les approuve.

La premiére de ces trois manieres
d'agir eſt le partage des parfaits, tels
que ſont les Anges, & les Eſprits bienheureux. La troiſiéme eſt celle des
pécheurs. La ſeconde eſt celle des enfans de Dieu ſur la terre. La premiére
rend l'action parfaitement bonne. La
ſeconde la rend criminelle. La troiſiéme fait qu'elle n'eſt bonne qu'imparfaitement. Tout

Tout cela fait voir clairement qu'un des plus grands foins que nous devions prendre, lors qu'il fe prefente quelque occafion de faire de bonnes œuvres, c'eft celui d'étouffer promptement ces repugnances dont nous venons de parler, & de confiderer l'effet qu'elles ne manqueroient pas d'operer, fi nous negligions de prendre ce foin. Elle nous feroient perdre le fruit de nos bonnes œuvres, & de cette maniere nous priveroient à la fois, & du bien fpirituel, que la bonne œuvre étoit en état de nous procurer, & du temporel, auquel la bonne œuvre nous fait renoncer.

En ne faifant pas la bonne œuvre, on perd le bien fpirituel, & on conferve le temporel. En la faifant bien, on perd le temporel, & on fe procure le fpirituel. En la faifant mal, comme on fait en la faifant avec repugnance, on perd, & le temporel, & le fpirituel tout enfemble.

Cela étant, qui ne voit qu'il eft de nôtre devoir d'étouffer ces repugnances, dés le moment qu'elles fe forment

ment dans nôtre cœur? Mais comme il est difficile, ou pour mieux dire impossible d'étouffer ces repugnances, si on laisse subsister le principe qui les produit, & que ce principe n'est autre que l'attache excessive que nous avons pour les biens sensibles, le principal soin que nous
devions prendre pour cet effet, c'est
de nous affranchir de cette malheu-
reuse imperfection, qui est la principale source de tous nos desordres. Je
ne dis pas au reste ce qu'il faut faire
pour y reussir, en ayant parlé assez amplement dans le second Tome de mes
Essais de Morale. Disc. III.

CHAPITRE XIV.

*Que lors qu'on a fait une bonne action
il ne faut pas regretter le bien temporel
qu'elle a fait perdre.*

CE que je viens de dire me fait souvenir d'un autre défaut fort semblable à celui dont j'ai parlé, puis qu'il part d'un même principe, & produit le même effet, qui est celui de nous faire perdre le fruit de nos bonnes œuvres. Je parle du regret que nous avons aprés avoir fait l'action, au bien temporel, auquel cette action nous fait renoncer.

Ce défaut est fort ordinaire, parce qu'il l'est extrémement d'aimer avec excés le bien temporel. On croit communément que ce fut là ce qui fit périr la femme de Lot. Elle regarda en arriere en se sauvant de Sodome, & selon toutes

les

les apparences ce regard fut une suite du mouvement de son cœur.   Elle
regretta ce qu'elle avoit quitté dans
cette detestable ville, & ce sentiment
injuste lui attira le malheur qui l'accabla, étant changée en une statuë de
sel.

Les murmures des Israëlites dans le
desert sont encore un exemple de ce
que je dis.   Ces ingrats ne se souve-
noient plus parmi les douceurs de la
liberté dont ils joüissoient, des ri-
gueurs & des amertumes de leur servi-
tude. Ils avoient oublié les traitemens
barbares & insupportables, qui les
avoient fait gemir. Ils ne faisoient attention qu'aux avantages qu'ils y trouvoient.   Ils regrettoient les viandes
grossieres dont ils s'y gorgeoient. Ce
fut là ce qui leur attira la plûpart des
fleaux, qui les accablerent.

Toute l'Epître aux Hebreux ne
tend qu'à prémunir les fidelles, ausquels elle est adressée, contre le danger, auquel ils étoient exposez, de tomber dans un manquement semblable.
Ils avoient embrassé l'Evangile avec
beau-

beaucoup d'ardeur & de fermeté. Ils avoient surmonté courageusement les tentations, ausquelles leur foi naissante se trouva exposée. Ils avoient souffert avec joye le ravissement de leurs biens. Mais S. Paul apprehendoit qu'ils se relâchassent de cette premiere ferveur, & qu'avec le temps ils vinssent à regretter, d'un côté le repos dont ils avoient joüi dans le Judaïsme, & de l'autre la pompe & l'éclat sensible de cette Religion charnelle. C'est pour leur inspirer les sentimens opposez à ces manquemens qu'il leur écrit cette Epître, & c'est-là le but qu'il se propose depuis le commencement jusqu'à la fin.

L'état où il a pleu à Dieu de nous réduire, nous expose à une tentation perpetuelle, qui nous porte fortement à ce grand peché, & nous met dans un danger visible de le commettre. Il nous a mis dans la nécessité de nous bannir de nôtre patrie; & de nous priver de toutes les douceurs, & de tous les avantages que nous y trouvions. Il nous a dispersez en divers en-

endroits, & il permet que nôtre difper-
fion foit accompagnée de prefque tous
les dégoûts, qui fuivent ordinairement les exils. C'eft ce qu'il n'eft pas
neceſſaire d'exaggerer. Nous ne le
fentons que trop, & fi l'idée que nous
nous en faifons n'eft pas jufte, ce n'eft
pas qu'elle foit trop foible, c'eft qu'elle eft trop forte, & que nous ne fentons pas aſſez les douceurs dont ces dégoûts font accompagnez.

Qu'il eft naturel dans cette fitua-
tion de regretter ce qu'on a quitté!
Qu'il eft difficile que cela n'arrive,
non une fois ou deux, mais trés-
fouvent; & fi je l'ofe dire, à toute
heure! Qu'il faut être tout autrement détaché de la terre, que nous
ne le fommes, qu'il faut avoir un tout
autre fonds de pieté, & d'amour pour
Dieu, & pour fa verité que ce que
nous en avons, pour ne tomber jamais
dans ce manquement!

Il n'eft auſſi que trop ordinaire de
voir qu'on y tombe. Cependant y
tomber c'eft répondre trés-mal à nôtre devoir. Car premiérement il paroît

roît par là qu'on a agi temerairement
& imprudemment lors qu'on a formé la réfolution de faire la bonne
œuvre qui a fait perdre le bien qu'on
regrette. Il paroît qu'on n'en prévo-
yoit pas toutes les fuites, & qu'on
ne favoit pas à quoi on s'enga-
geoit. Il paroît qu'on n'a pas pratiqué
l'avis que le Sauveur du monde nous
donne dans fon Evangile : *Qui eft
celui d'entre vous, qui voulant baftir
une tour, premiérement ne s'affeye, &
ne calcule les dépens, s'il a pour la para-
chever? De peur qu'aprés qu'il aura pofé le
fondement, & n'aura peu achever, tous
ceux qui le verront ne commencent à fe mo-
quer de lui, difant cet homme a commencé
de bâtir, & n'a peu achever. Ou qui eft le
Roy qui parte pour donner bataille à un autre Roi, qui premiérement ne s'affeye, & ne
confulte, s'il pourra avec dix mille aller ren-
contrer celui qui vient avec vingt mille contre lui? Autrement ce Roy la étant encore
loin il envoye une Ambaffade, & demande
les moyens de paix. Ainfi donc chacun de
vous qui ne renonce a tout ce qu'il a ne peut*

F

être

être mon Diſciple. **Luc. XIV. 28--33.**

Si on avoit ſuivi exactement cette
régle, ſi avant que d'entreprendre la
bonne action qu'on a faite, on s'étoit
aſſis, & qu'on eût bien balancé les
deux partis qui ſe preſentoient, ſi on
en eût prévû les inconveniens & les
conſequences, & que nonobſtant tout
cela on eût pris determinément la réſolution qu'on a formée, on ne s'en
repentiroit pas dans la ſuite. On ver-
roit qu'il n'arrive rien qu'on n'ait prévû, & mépriſé, le regardant comme infiniment au deſſous de l'avantage qu'on trouve au parti qu'on a pris.
Comme on en juge autrement aprés
avoir fait l'action, il paroît qu'avant
que de l'entreprendre on n'avoit pas
examiné avec aſſez de maturité &
d'application ce qui ſe preſentoit à
faire, & qu'ainſi on a agi téméraire-
ment.

Quelqu'un peut-être dira que cette
conſequence n'eſt pas néceſſaire. Il eſt
tres poſſible qu'on ait tout prévû,
lors qu'on a formé la réſolution dont il
s'agit, & qu'on ait jugé alors qu'il
faloit

faloit la prendre, mais que presentement on en juge d'une autre maniere. Dans cette suppofition l'action aura été bonne, & ainfi on ne
peut pas dire qu'on ait agi teméraire-
ment.

J'avouë que ceci n'eft pas impoffible. Je pretends feulement qu'il eft
rare, & que le contraire arrive le plus
fouvent. J'ajoûte que fi la difpofition
où l'on fe trouvoit, lors qu'on a fait,
ou refolu l'action, étoit bonne, celle
où l'on fe trouve lors qu'on a du regret
au bien que l'on a perdu, eft trés-
mauvaife. Alors on ne balançoit pas
à preferer fon devoir à l'intérêt temporel. Aujourd'hui au contraire on eft
plus fenfible à l'intérêt temporel,
qu'à tout ce que le devoir a de plus inviolable & de plus facré; ce qui fait
voir clairement deux chofes.

La premiére qu'on n'eft pas pre-
fentement dans la difpofition, que
Jefus Chrift reprefente comme fi ab-
folûment neceffaire, dans les paroles
qui precedent immediatement celles
que j'ai rapportées, *Si quelqu'un veut*
F 2
venir

*venir aprés moi , & ne hait son pere & sa
mere , sa femme & ses enfans , ses freres &
ses sœurs , même sa propre ame , il ne peut
être mon Disciple.   Et quiconque ne charge sur soi sa Croix , & ne vient aprés moi ,
il ne peut être mon Disciple.* Luc. XIV.
26. 27.

Il paroît qu'on ne hait pas le bien
temporel , qu'on regrette , c'est à dire qu'on ne l'aime pas moins que Jesus Christ , puis que si on le faisoit, l'a-
vantage qu'on trouve à s'attacher à Jesus Christ , feroit oublier ce vain intérêt. Il paroît encore qu'on est précisé-
ment dans la disposition que Jesus
Christ désigne dans un autre endroit
de son Evangile , lors qu'il asseure que
*celui qui met la main à la charruë , & regar-
de en arriere , n'est pas bien disposé pour le Royaume des Cieux.*

La seconde chose qui paroît par tout
ce que je viens de dire , c'est qu'on est
bien éloigné de remplir un autre devoir que l'Evangile prescrit. Il veut
que nous marchions *de force en force*, &
que chacun de nos progrés soit un
acheminement à un plus grand. C'est
ce

ce que j'ai prouvé amplement dans le troisiéme Traité de ma Morale abrégée. Dans la suppofition que j'examine on fait le contraire. Non feulement on n'avance pas, mais on recule. On avoit commencé par l'efprit, comme les Galates, & on finit par la chair. Au lieu de croître en J. C. on devient petit, procedé infupportable, & dont on ne fauroit avoir trop d'horreur.

On dira peut-être que ceci même n'eft, ni neceffaire, ni perpetuel. On dira que ces regrets ne vont pas toûjours jufqu'à condamner l'action qu'on a faite, que peut-être la feroit-on encore aujourd'hui, fi elle étoit à faire, & qu'à tout prendre on eft bien aife de l'avoir faite, mais que tout cela n'empêche pas qu'on ne fente les incommoditez où l'on s'eft jetté.

J'avouë encore une fois que ceci n'eft pas impoffible. Mais dans cette suppofition je dirai que cette fenfibilité qu'on ne nie pas qu'on n'ait pour les incommoditez qui fuivent l'action qu'on a faite, n'eft en rien differente des repugnances, dont j'ai parlé dans le chapitre

F 3

préprecedent. J'ai fait voir au reste que ces repugnances sont insupportables, & gâtent toute la bonté de l'action, lors qu'elles durent trop long temps, & que l'amour de Dieu ne les étouffe pas tout incontinent. Mais quand est-ce qu'on peut dire avec plus de raison & de fondement qu'elles durent trop long-temps, que lors qu'elles subsistent, non seulement pendant tout le temps qu'on met à faire l'action, mais encore aprés que l'action est faite, quelquefois même des années entieres aprés l'action, comme il arrive dans le cas particulier, où nous-nous trouvons?

Je conclus de tout ce que je viens de dire que lors qu'on a fait quelque bonne action, il faut en avoir de la joye, & que cette joye doit être pure, parfaite & entiere. Il faut s'en feliciter soi même, & en rendre graces à Dieu, sans faire aucune attention aux biens temporels, que cette action peut coûter. Il faut se mettre dans la disposition de celui dont Jesus Christ parle dans son Evangile, & qui ayant

seu

feu qu'il y avoit un tréfor ineftima-
ble caché & enfouï dans un champ,
a achetté ce champ, & y ayant trou-
vé le tréfor, eft bien éloigné d'avoir
du regret à ce qu'il lui coûte.

C'étoit la difpofition de S. Paul,
lors qu'il difoit aux Philippiens, *Si
quelqu'un s'eftime avoir dequoi fe confier
en la chair, j'en ai encore davantage, moi
qui ai été circoncis le huitiéme jour, qui fuis
de la race d'Ifraël, de la tribu de Benjamin,
Hebreu, né des Hebreux, Pharifien de Religion; quant au zele, perfecutant l'Eglife,
quant à la juftice qui eft en la loi, étant fans
reproche. Mais ce qui m'étoit gain, je l'ai
reputé m'être dommage pour l'amour de Jefus Chrift. Mais je repute toutes chofes m'ê-
tre dommage pour l'excellence de la connoiffance de Jefus Chrift mon Seigneur, pour
l'amour duquel je me fuis privé de toutes ces
chofes, & les regarde comme de l'ordure afin
que je gagne Jefus Chrift.* Phil. III. 4. 5.
6. 7. 8.

 CHA-

CHAPITRE XV.

*Huitiéme condition. Nos bonnes œuvres
doivent être accompagnées de tous les
sentimens d'une profonde humilité.*

LA joye dont j'ai parlé dans les
chapitres precedens, & que j'ai
dit que nos bonnes œuvres doivent
nous donner, peut bien être aussi vive, & aussi sensible que l'on voudra,
pourveu qu'elle soit exempte d'orgueil & de vanité. Mais rien ne sauroit la rendre plus criminelle, & pour
dire quelque chose de plus fort, rien
ne sauroit rendre nos bonnes œuvres
plus odieuses, & plus insupportables
à Dieu, que l'orgueil, qui en naît
quelquefois, & dont elles sont le principe & le fondement. C'est ce qui arrive en deux manieres, qu'il importe
de ne pas confondre.

La prémiere a lieu, lors que sans
jetter aucun regard sur les autres, &
ne

ne faifant attention qu'à nous-mêmes,
nous fommes contens de nous-mêmes,
en confequence des bonnes actions
que nous avons faites, nous-nous en
felicitons, nous-nous en applaudiffons
en fecret, & trouvons que nous fommes bien éclairez, bien judicieux,
bien vertueux, & pour tout dire en
un mot, bien louables, & bien dignes
de nôtre eftime, d'avoir fait ce que
nous venons de faire. C'eft-là ce que
l'Ecriture appelle *encenfer fes propres*
rets, & facrifier à fes filez. C'eft en un
mot s'attribuer la gloire du bien que
l'on fait, & faire voir qu'on ignore
deux veritez, que j'efpere de prouver
fortement & évidemment dans la
fuite.

La premiére, que nos meilleures œuvres ont de grands deffauts, qui font
qu'elles ont befoin de tout le fupport,
& de toute l'indulgence de Dieu,
pour faire qu'elles ne provoquent
pas efficacement fa colere. Car enfin fi nous étions bien fortement per-
fuadez de cette verité; ce qu'il y a
de defectueux dans nos bonnes actions

F 5   auroit

auroit bien plus de force & d'efficace
pour nous humilier, & pour nous
confondre, que tout ce qu'il peut y
avoir de bon n'en sauroit avoir pour
nous porter à nous applaudir.

La seconde que ce peu même qu'il
y a de bien dans nos actions, ne vient
pas de nous, & n'est pas la production
de nôtre miserable nature. C'est un
effet de la grace, qui, comme le dit
l'Ecriture, *produit en nous avec efficace
la volonté & l'action selon son bon plaisir.*
Cela étant, la veuë de ce bien qui est en
nous, doit bien nous inspirer de la reconnoissance pour les bontez de celui
qui l'a operé en nous, elle doit encore
nous inspirer de la joye par cette consideration que ce sommes nous-mêmes
qui sommes les objets de cette bonté,
mais elle ne doit nullement nous porter à nous en estimer davantage. Nous
devons toûjours nous dire à nous mêmes, *Qu'as-tu, ô homme, que tu n'ayes reçû,
& si tu l'as reçû pourquoi t'en glorifie tu, comme si tu ne l'avois point reçû?* Nous devons
imiter l'excellent Apôtre, qui nous a
fourni ces paroles, & qui venant de dire

qu'il

qu'il a travaillé plus que tous, n'a pas oublié ce correctif, *Toutefois non point moi, mais la grace de Dieu, qui est avec moi.*

L'autre maniere en laquelle l'orgueil corrompt nos bonnes actions, est plus ordinaire, & en quelque forte plus dangereuse. Elle consiste à jetter un regard secret sur les autres hommes, dans la conduite desquels on ne remarque pas l'action dont on s'applaudit. On se dit à soi même, *Tel & tel n'en font pas autant. Ils ont les mêmes moyens, les mêmes motifs, & les mêmes occasions.* Cependant ils ne font pas ce que je fais, ce qui revient à peu prés à la priere du Pharisien, qui disoit à Dieu, *Seigneur, je te rends graces, de ce que je ne suis pas comme le reste des hommes, ravisseur, injuste, adultere, ni même comme ce péager. Je jeûne deux fois la semaine, & paye la dîme de tout ce que je possede.*

Voici en effet une remarque, que je croi importante, & que je ne me souviens pas d'avoir faite dans mon Traité *de l'orgueil.* Nous n'avons pas beaucoup de repugnance à nous abais-

F 6

ser

ser pourveu que nous abaissions toute
la terre avec nous. Qu'il s'agisse du
genre humain en general. Nous en
dirons sans peine tout le mal possible,
& nous ne nous soucierons pas même de nous en excepter. Nous ne
sommes nullement sensibles sur le
chapitre de tout ce qui nous est commun avec tous les autres. Qu'on
l'éleve, ou qu'on l'abaisse, c'est ce
qui nous importe fort peu. C'est
sur ce que nous avons de particulier
& de personnel que nous sommes
extrémement délicats. Nous voulons toûjours qu'il y ait quelque distinction à faire de nous aux autres.
Nous descendrons aussi bas que l'on
voudra, pourveu que l'on mette les
autres encore plus bas. C'est cette
distinction qui est le dernier retranchement de l'orgueil, & c'est sur
quoi il ne peut souffrir qu'on l'attaque.

Cela étant, nous n'aurons pas beaucoup de peine à avouër que le bien
que nous faisons est imparfait, &
qu'il vient de Dieu, pourveu que
d'ail-

d'ailleurs on nous permette de croire
que nous faisons quelque chofe que
les autres ne font pas, & qu'ainfi il
nous eft permis d'avoir plus d'eftime
& de complaifançe pour nous, que
pour eux.

Mais pour forcer l'orgueil jufques
dans ce dernier retranchement, il
faut confiderer ce que dit faint Paul,.
Qu'eft-ce qui te difcerne, & qui met de
la difference entre toi & un autre?
Il faut reconnoître que ce qui nous
diftingue des autres, ne vient pas de
nous, mais de Dieu. Il faut demeurer convaincu que fi Dieu eût donné les mêmes fecours, internes, &
externes, à ceux qui ne font pas ce que
nous faifons, ils le feroient de même
que nous. Il ne faut que cela feul pour
anéantir nôtre orgueil,. & en effet je
ne voi pas quel fondement, quelle
raifon, quel pretexte même, il peut
nous refter aprés cela pour nous élever..

On peut au refte, appliquer ici.
tout ce que je viens de dire des repugnances qu'on fent en faifant le
bien, & chacun le pouvant faire

de

de foi même, je ne m'amuferai pas à redire fur l'un de ces fujets ce que j'ai déja dit fur l'autre.

J'ajoûterai feulement que lors qu'en faifant quelque bonne action nous fentons, foit quelque repugnance, foit quelque mouvement de vanité, il ne faut pas ceffer pour cela d'agir. Il faut feulement combattre ce mouvement interieur, que nous condamnons. C'eft la regle qu'on dit que S. Bernard avoit accoûtumé de fuivre. Lors qu'en faifant quelque bonne action il fentoit en foi-même quelque chatouillement de vanité, il lui adreffoit la parole, & difoit, *Tu ne me l'as pas fait entreprendre, & tu ne m'empêcheras pas de l'exécuter. Non fufcepi propter te, nec deferam propter te.* Rien ne me paroît plus judicieux que cette conduite, & je fouhaite que chacun en faffe autant lors qu'il fe trouvera dans le même cas.

CHA-

CHAPITRE XVI.

Que nos bonnes œuvres font les effets & les productions de la grace.

CE font là les conditions les plus neceſſaires pour faire que nos œuvres ſoient vraiment bonnes. Cela ſeul fait voir clairement qu'on n'en ſauroit faire de telles par les ſeules forces de la nature. Il faut pour cela un ſecours ſurnaturel. Il faut que le S. Eſprit nous aſſiſte, & que ſa grace nous fortifie.

I. Car premiérement j'ai fait voir qu'il eſt impoſſible de faire de bonnes œuvres, ſi on n'a la foi & la charité. Mais le moyen d'avoir ces deux vertus ſans la grace? N'eſt-ce pas elle qui les produit dans nos cœurs? ne voyons nous pas que S. Paul prie Dieu qu'il lui plaiſe de rendre les Theſſaloniciens *dignes de ſa vocation, qu'il accompliſſe en eux tout le bon plaiſir de ſa*

bon-

bonté, & *l'œuvre de la foy puissamment* (*a*). Ne dit-il pas aux Philippiens, (*b*) qu'il leur *a été donné gratuitement pour Jesus Christ, & de croire & de souffrir pour son nom?* Et pour ce qui regarde l'amour de Dieu, ne savons nous pas ce que Moyse dit à l'ancien peuple (*c*) *L'Eternel ton Dieu circoncira ton cœur, & le cœur de ta posterité, afin que tu aimes l'Eternel ton Dieu de tout ton cœur, & de toute ton ame, & que tu vives.* Ne voyons nous pas que saint Paul (*d*) voulant faire l'énumeration des fruits de l'Esprit met la charité au premier rang ? *Les fruits de l'Esprit sont la charité, la joye, la paix, &c.* Ne voyons nous pas que saint Jean dit expressement (*e*), que *la charité est de Dieu*, & que *quiconque aime est né de Dieu?* Ainsi la foi & la charité étant les productions de la grace, il est évident que cette grace est absolument necessaire pour faire de bonnes œuvres, puis que les œuvres ne sont

jamais

(*a*) II. Thess. 1.   (*b*) Phil. I. 29.
(*c*) Deut. XXX. 6.   (*d*) Gal. V. 22.
(*e*) I. Jean. IV. 7.

jamais bonnes, si elles ne sont faites avec foi & avec charité.

II. Mais outre, cette preuve indirecte nous en avons un grand nombre d'autres, qui sont plus directes, & en même temps convaincantes. Car premiérement l'Ecriture nous dit nettement & sans détour, que nous sommes de nous-mêmes incapables de faire le bien. *Le mauvais arbre*, dit Jesus Christ *(a)*, *ne peut porter de bons fruits. Sans moi*, disoit-il ailleurs *(b) vous ne pouvez rien faire. Comment pourriez vous bien parler étant méchans*, disoit-il aux Pharisiens *(c). Nul ne peut venir à moi si le Pere qui m'a envoyé ne le tire (d).* S. Paul n'est pas moins formel sur ce sujet. Il dit *(e) que de nous mesmes, nous ne sommes pas suffisans de penser seulement une bonne chose.* Il dit *(f) que la chair ne se rend pas sujette à la Loi de Dieu, & que mesme elle ne le peut.*

III. Tous.

(a) Matt. VIII. 18.
(b) Jean. XV. 4. (c) Matth. XII. 34.
(d) Jean VI. 44. (e) II. Cor. III. 5.
(f) Rom. VIII. 7.

III. Tous ces paſſages diſent nettement & formellement que l'homme
dans ſon état naturel ſe trouve réduit
à une impuiſſance abſoluë de faire le
bien. On peut y en ajoûter pluſieurs
autres, qui à la verité ſont figurez,
& metaphoriques, mais qui déſignent
viſiblement la même choſe. Ce ſont
ceux qui nous apprennent que l'homme eſt aveugle à l'égard des choſes du
Ciel, & que ſon eſprit eſt rempli d'é-
paiſſes tenebres, qu'il eſt eſclave du
peché & du demon, qu'il eſt foible &
impuiſſant, qu'il eſt malade, & enfin
qu'il eſt mort.

On y peut ajoûter encore tous ceux
qui nous repreſentent les operations
de la grace comme une illumination,
comme un affranchiſſement, comme
une creation, comme une vivifica-
tion, & comme une victoire que Jeſus Chriſt remporte ſur nous, ſur le
peché, & ſur le Demon, qui s'étoit
rendu maître de nos cœurs. Tout cela joint enſemble nous donne une
grande idée de la dépravation de nôtre nature, & nous fait entendre bien

nette-

nettement que pour faire le bien il nous faut de toute néceſſité un ſecours ſurnaturel, qui nous mette en état de faire ce que nous ne ferions jamais de nous mêmes.

IV. Outre tout cela l'Ecriture nous aſſeure poſitivement que la grace produit en nous les bonnes œuvres qu'il nous arrive de faire.   Que peut-on imaginer de plus fort que ce que S. Paul dit aux Philippiens (a) que *c'eſt Dieu qui produit en nous avec efficace le vouloir & le parfaire ſelon ſon bon plaiſir? Il vous a été donné gratuitement pour Chriſt,* dit ailleurs ce même Apôtre, *de croire & de ſouffrir pour ſon nom.* C'eſt pourquoi ce ſaint homme attribuë à la grace tout ce qu'il fait de plus éclatant.   *J'ai travaillé plus que tous, toutefois non point moi, mais la grace de Dieu, qui eſt avec moi. Je ſuis crucifié avec Jeſus Chriſt, & vis, non point maintenant moi, mais J. Chriſt vit en moi.* Pouvoit-il dire d'une maniere plus forte que tout ce que nous faiſons de bien eſt un effet de la grace, qui le fait en nous?

V. Si

____

(a) Phi.

V. Si nos bonnes œuvres étoient les productions de nôtre nature, il ne faudroit que nous exhorter à les faire, pour nous y porter efficacement, & il y auroit quelque chose d'absurde & de ridicule à demander à Dieu que nous les fissions. Cette conséquence est necessaire, & si évidente, que les Payens eux mêmes l'ont apperçuë. En effet Ciceron, qui ne savoit ce que c'est que la grace, disoit (a) que tous les hommes du monde conviennent, qu'il faut bien demander le bonheur à Dieu, mais que chacun doit chercher la sagesse en soi même. *Judicium hoc omnium mortalium est, fortunam à Deo petendam, à se ipso sumendam esse sapientiam.*

Il est pourtant vrai que les Saints ont toûjours demandé à Dieu, & pour eux-mêmes, & pour les autres, la grace necessaire pour faire de bonnes œuvres. C'a été toûjours l'un des principaux articles de leurs prieres. Ils ont conçu cette demande

en

____
(a) Cic. de nat. Deor. lib 3.

en des termes extrémement forts.
Voici, par exemple, ce que S. Paul
dit aux Hebreux (a). *Le Dieu de
paix, qui a ramené des morts le grand Paſ-
teur des brebis par le ſang de l'alliance
éternelle, ſavoir nôtre Seigneur Jeſus Chriſt,
vous rende accomplis en toute bonne œuvre, pour faire ſa volonté, faiſant en vous
ce qui lui eſt agréable par Jeſus Chriſt.*
Ces dernieres paroles ne ſont-elles pas déci-
ſives? Ce qu'il dit aux Theſſaloniciens n'eſt pas moins fort. *Le Dieu
de paix veuille vous ſanctifier entierement,
& vôtre eſprit entier, & l'ame & le corps,
ſoit conſervé ſans reproche à la venuë de
nôtre Seigneur Jeſus Chriſt.* I. Theſſ.
V. 23.

VI. Si nos œuvres étoient nos
propres productions, ce ſeroit à
nous à les promettre à Dieu, & ce
ne ſeroit pas à Dieu à nous les faire,
eſperer. C'eſt pourtant ce que nous
voyons qu'il fait. Témoin ces paroles
d'Ezeciel (b). *Je ferai qu'ils n'auront
qu'un cœur, & mettrai en eux un Eſprit
nou-*

____

(a) Heb XIII. 20. 21.
(b) Ezech. XI. 19. 20

nouveau, & j'ôterai le cœur de pierre hors de leur chair, & leur donnerai un cœur de chair, afin qu'ils marchent en mes statuts, & qu'ils gardent mes ordonnances, & qu'ils les fassent. Et ailleurs (a). *Je mettrai mon Esprit au dedans de vous, & ferai que vous marcherez en mes statuts, & que vous garderez mes ordonnances, & les ferez.*

VII. Si les bonnes œuvres venoient uniquement de nous, nous pourrions bien nous en feliciter nous mêmes, mais il y auroit quelque chose de ridicule à en rendre graces à Dieu. *Comme chacun se procure la vertu,* disoit Ciceron, *il n'y a jamais eu de Sage qui en ait rendu graces à Dieu.* La consequence est necessaire, il faut l'avouer, mais il faut bien que le principe soit faux. Car enfin les Saints, plus sages sans comparaison que les Philosophes du Paganisme, ont remercié Dieu, & de leurs bonnes œuvres, & de celles de leurs prochains. *Nous devons toûjours,* disoit S. Paul aux fidelles de Thessalonique (b), *rendre graces à Dieu de vous comme c'est bien*

(a) Eze. XXXVI. 27.   (b) II. Thess. I. 3.

bien raison, d'autant que vôtre foi croît grandement, & que la charité de chacun de vous abonde de l'un envers l'autre. Il dit à peu prés la même chose aux fidelles des autres Eglises, à qui il écrit, & on n'a pour s'en asseurer, qu'à lire les premieres paroles de ses Épîtres. On y verra que cet Apôtre les commence toutes par des actions de graces qu'il presente à Dieu en reconnoissance de la grace qu'il a faite aux fidelles, leur donnant le moyen de faire les œuvres, dont le bruit est parvenu jusqu'à lui.

Ce sentiment même est si commun dans l'Eglise, que le Fils de Dieu l'attribue à ce Pharisien, qu'il nous represente comme un monstre de vanité. *Seigneur*, lui fait-il dire, *je te rends graces de ce que je ne suis pas comme le reste des hommes, ni même comme ce Péager &c.*

VIII. Si nous étions les seuls auteurs de nos bonnes œuvres, il nous seroit permis de nous en applaudir, & de nous en glorifier, *On nous loue à cause de la vertu,* disoit Ciceron, *& nous nous en glorifions, ce que nous ne ferions pas* *si c'étoit un don de Dieu.* Mais comme l'Ecriture nous le defend , il faut croire que nos œuvres viennent d'ailleurs que de nous. *Qu'as-tu, ô homme, que tu n'ayes reçû? Et si tu l'as reçû, pourquoy t'en glorifie tu, comme si tu ne l'avois point reçû?*

CHAPITRE XVII.

Que les enfans de Dieu font des œuvres qui sont véritablement bonnes.

C'Est là ce qu'il y a de plus né-cessaire pour faire de bonnes œuvres. De sorte que si on en fait de celles qui ne manquent d'aucune de ces conditions, il n'y a point de doute qu'on n'en fasse de celles qu'on peut appeller bonnes, sans s'écarter de la propre & naturelle signification de ce mot. Il est pourtant vrai que toutes ces conditions se trouvent dans plusieurs des œuvres des enfans de Dieu.

Elles

Elles font commandées de Dieu, &
conformes dans leur fonds, & dans
leur fubftance, à fa fainte Loi. Il nous
a commandé de croire en lui, de le re-
verer, de l'aimer, de l'adorer, de
l'invoquer, de lui rendre graces de
fes bienfaits, de rendre à chacun le
fien, d'affifter les povres, d'inftruire
les ignorans, de confoler les affligez, de proteger ceux qu'on opprime, de fouffrir les maux dont il lui
plaît de nous vifiter; Et plufieurs le
font.

Ils font d'ailleurs tout cela en la maniere en laquelle Dieu veut qu'on le
faffe. Ils le font volontairement. Ils
le font avec foi & avec amour. Ils le
font pour plaire à Dieu, & pour avancer fa gloire. Qui peut douter aprés cela que ce ne foient de bonnes actions?

Mais rien ne prouve plus fortement
cette verité, que l'origine de ces actions. Nous avons fait voir qu'elles ne
viennent pas de la nature, mais de la
grace. Nous avons prouvé que ce font
les productions & les ouvrages du S.
Efprit. Cela feul ne fait-il pas voir que

ce ne font pas des péchez', comme on nous accuſe de l'enſeigner? Car d'un côté ne ſeroit-ce pas blaſphemer contre ce glorieux Eſprit, que de l'accuſer de produire en nous des péchez? Et de l'autre ſommes nous de telle façon diſpoſez qu'il nous faille un ſecours ſurnaturel pour commettre quelque péché que ce ſoit?

Nos œuvres ſont agréables à Dieu. C'eſt ce que l'Ecriture aſſeure en divers endroits. Il faut donc qu'elles ſoient bonnes. Car ſi elles ne l'étoient pas, elles lui déplairoient. Selon le Prophéte, *ſes yeux ſont trop purs pour voir le mal*, c'eſt à dire pour l'approuver.

On dira peut-être que ſi nos œuvres lui ſont agréables, ce n'eſt pas par elles-mêmes qu'elles le ſont, mais par Jeſus Chriſt, dont le merite en couvre les imperfections. C'eſt ce que je n'ai garde de nier. Mais je dis qu'il y a bien de la difference entre couvrir les défauts d'une œuvre imparfaitement, mais auſſi veritablement bonne, & obtenir le pardon d'une action mauvaiſe. Le

Le merite de Jesus Chriſt fait le premier de ces deux effets à l'égard de nos bonnes œuvres, comme nous le verrons dans la ſuite. Mais il ne fait le ſecond qu'à l'égard de nos pechez. Et comme, bien que le merite de Jeſus Chriſt nous obtienne la remiſſion de nos pechez, on ne peut pas dire qu'il rend ces pechez agréables à Dieu, comme l'Ecriture le dit de nos œuvres, il faut neceſſairement reconnoître que ces œuvres, que le merite de Jeſus Chriſt rend agréables à Dieu, ne doivent pas être des pechez, mais des œuvres veritablement bonnes, quoi que mêlées de pluſieurs défauts.

Dieu n'approuve pas ſeulement nos œuvres. Il les recompenſe encore magnifiquement. *Abraham, ne crain point, je ſuis ton bouclier & ta recompenſe. Rejouiſſez-vous, car vôtre recompenſe eſt grande dans le Ciel. Un verre d'eau froide ne demeurera pas ſans recompenſe.* Ceci arriveroit-il ſi toutes nos bonnes œuvres étoient des pechez? Recompenſe-t'on les outra-

ges?

ges? Et n'eft-ce pas une grande grace de les oublier? n'eft-ce pas là auffi ce que Dieu promet?

Nos œuvres font neceffaires, comme j'efpere de le faire voir dans la fuite. Le feroient-elles, fi elles étoient de veritables pechez? Faut-il pecher pour parvenir au falut?

Les pechez nous éloignent du Ciel, & les bonnes œuvres nous y conduifent. Elles font le chemin qui nous meine au trône, quoi que ce ne foient pas le fondement du droit que nous y avons. Nous en approcheroient elles, fi c'étoient autant d'outrages que l'on fît à Dieu?

Nos œuvres glorifient Dieu. C'eft ce que j'ai juftifié dés le premier chapitre de ce Traité. Elles répandent de tous côtez la bonne odeur de l'Evangile. Elles confondent les ennemis de la verité. Feroient-elles tous ces effets, fi c'étoient autant de pechez?

C'eft-là la veritable & conftante doctrine de nos Eglifes, comme M. le Blanc l'a fait voir, & par le témoignage

gnage de nos meilleurs Ecrivains, & par les propres paroles de nos Confeſſions de foi. De ſorte que rien n'eſt plus injuſte, que l'acuſation dont on nous charge, ſoûtenant que nous croyons & enſeignons le contraire.

Je ſai que pour appuyer cette acuſation, on produit quelques expreſſions un peu dures d'un petit nombre de nos Auteurs. Mais outre que les excés de quelques particuliers ne doivent pas être imputez à tout le corps qui les deſavoue, il eſt certain que ces expreſſions mêmes peuvent recevoir un bon ſens, & il paroît d'ailleurs que ce ſens eſt celui qu'il leur faut donner, cela, dis-je, paroît par d'autres endroits, où ces mêmes Auteurs ont dit ſans détour ce que nous croyons, ſavoir que nos œuvres ſont bonnes, & le ſont veritablement.

On dira, peut-être, que quoi qu'il en ſoit de nos Theologiens, Eſaïe dit formellement le contraire, ſoûtenant que *toutes nos juſtices ſont comme*

un

un drapeau fouillé. Ef. LXIV. 6. Mais il eſt aiſé de répondre que ce que le Prophéte dit en cet endroit, ne regarde, ni tous les hommes, ni même tous les pécheurs, mais ſeulement les Juifs de ſon temps. C'eſt une humble confeſſion qu'il fait à Dieu de l'état déplorable de l'ancienne Egliſe, & des pechez par leſquels elle avoit attiré ſur elle cet épouventable fleau, qui l'accabla quelque temps aprés, je veux dire la captivité de Babylone.

C'eſt ce qui paroît clairement ſi l'on conſidere l'endroit dans toute ſon étenduë. Le voici. *Nous ſommes tous devenus comme une choſe ſoüillée, & toutes nos juiſtices ſont comme le drapeau ſoüillé; nous ſommes tous décheus comme les feuilles, & nos iniquitez nous ont tranſportez comme le vent. Et il n'y a perſonne qui reclame ton nom, qui ſe réveille pour ſe tenir ferme à toi. C'eſt pourquoi tu as caché ta face arriere de nous, & nous as faits fondre par la force de nos iniquitez.*

Qni ne voit qu'il s'agit là, non de tous les juſtes qui ont jamais été, &
qui

qui feront jamais dans le monde, non
même des juftes d'alors, mais des
pecheurs feuls? Encore n'eft-ce pas
tout. Qui ne voit qu'il s'agit de ces
feuls pecheurs, qui dans ce temps-là
vivoient dans la communion exte-
rieure de l'Eglife? En effet pourroit-
on dire des juftes, qu'ils ne recla-
moient pas le nom du Seigneur, &
qu'ils ne s'excitoient pas pour tenir
ferme devant lui? Quels juftes au-
roient-ils été, fi on eût peu leur faire
de tels reproches? Ceci donc ne regarde pas les gens de bien; mais les
impies, & les reprouvez, qui faifoient
par tout le grand nombre. C'eft ce
que Calvin reconnoît dans fon Com-
mentaire fur ce paffage.

CHAPITRE XVIII.

Que les œuvres des enfans de Dieu ne sont bonnes qu'imparfaitement.

CE que je viens de dire fait assez voir que les œuvres des enfans de Dieu ont une véritable bonté. Mais il faut bien se garder de s'imaginer que cette bonté soit une bonté parfaite & achevée. Elle a ses défauts & ses manquemens, qui font que les plus excellentes de ces œuvres ont besoin du support & de la misericorde de Dieu, & sont hors d'état de soûtenir l'examen de sa severe justice, suivant cette parole célebre de S. Augustin, *Malheur à la vie des hommes, quelque louable qu'elle puisse être, si Dieu la regarde sans miséricorde.*

Je sai que ces œuvres sont bonnes dans leur fond & dans leur substance, étant toutes commandées de Dieu, &

étant

étant en cela même conformes à la
sainte loi, la regle parfaite de la justice. Je sai encore qu'elles sont bonnes
dans la forme & dans la maniere, é-
tant accompagnées des conditions,
qui leur sont les plus necessaires. Je
sai enfin qu'on les fait par de bons
principes, étant faites avec foi, & par
un mouvement d'amour pour Dieu,
par un veritable desir de lui plaire.
Mais je sai aussi que ces principes internes de nos actions ne sont pas tels
qu'ils devroient être

Nôtre foi est toûjours foible, &
beaucoup moins ferme, qu'il ne seroit
juste qu'elle fût. C'est pourquoi les
Saints ont toûjours demandé à Dieu
qu'il lui plût de la fortifier & de l'affermir. Témoin la priére des Apôtres,
Seigneur augmente nous la foi, & celle
du Pere de l'enfant lunatique, *Je croi,
Seigneur, mais subvien à mon incrédulité*. De là vient que saint Paul aprés
avoir rendu témoignage à la foi des
Ephesiens, ne laisse pas de demander à Dieu en leur faveur
l'Esprit de sagesse & de revelation,
G 5 savoir,

savoir, ajoûte-t-il, les yeux de leur entendement illuminez, afin qu'ils sachent quelle est l'espérance de leur vocation, & quelles sont les richesses de la gloire de leur héritage.

Je dis la même chose de l'amour de Dieu, qui est un principe plus prochain & plus immediat de nos œuvres que la foi même. Cet amour n'a jamais la ferveur & la vehemence qu'il devroit avoir. Jamais nous n'aimons Dieu de tout nôtre cœur, de toute nôtre ame, & de toute nôtre pensée. Jamais nous n'aimons Dieu avec les mêmes transports & la même ardeur, avec laquelle les ambitieux soûpirent aprés les vaines grandeurs du monde, les avares aprés leurs richesses, les volupteux aprés les plaisirs.

Personne, dit S. Augustin dans sa 29. Lettre à S. Jerôme, *personne n'a pendant cette vie, cette charité pleine & parfaite, qui ne peut plus être augmentée. Que si elle peut être augmentée, ce qui lui manque de ce qu'elle devroit avoir, fait un défaut, & ce défaut fait qu'il n'y a point de juste*

juste sur la terre, qui fasse du bien, & qui ne péche.   Ce défaut fait que nul vivant ne sera justifié en presence de Dieu.   Ce défaut fait que si nous disons que nous n'avons point de peché, nous-nous trompons nous-mêmes, & la verité n'est pas en nous.   C'est pourquoi aussi quelques progrés que nous puissions faire, nous devons dire, Seigneur, pardonne nous nos péchez.   Et dans un autre endroit.   *On péche, & lors qu'on n'a point de charité, & lors qu'on n'en a pas autant qu'il faudroit, soit qu'on puisse éviter ceci, soit qu'on ne le puisse.*   De perfect. justit. resp. 15.

Mais cette verité est si évidente qu'il ne faudroit que s'observer avec tant soit peu de soin, & que prendre garde à ce qui se passe au dedans de nous, pour en demeurer convaincu. On ne fait jamais une œuvre, qui ait quelque beauté, & consequemment quelque difficulté particuliere, sans être obligé à vaincre des repugnances que la chair y oppose, & qu'elle soûléve au fond de nos cœurs. Quels combats, par exemple, ne faut-il pas soûtenir contre les foiblesses de

    la

la nature, lors qu'on est appellé, soit
à abandonner tout son bien pour la
profession de la verité, soit à sceller
cette verité par le martyre ? Je sai
qu'on en vient à bout. Mais je sai aussi qu'il en coûte cher à la nature, &
qu'on ne remporte cette victoire qu'a-
prés de rudes combats, qui font que
l'action n'est pas à beaucoup prés
aussi belle qu'elle seroit, si l'esprit
étoit tellement maître de la chair,
qu'il ne trouvât point de resistance
qu'il lui falût vaincre.

Les distractions qui nous arrivent
dans nos prieres, dans l'ouïe & la
lecture de la parole de Dieu, prouvent encore la même chose. Les
plus saints n'en sont pas exempts,
& il n'y a personne qui ne s'en plai-
gne. Peut-on cependant nier que
cela n'altere & ne diminuë conside-
rablement la bonté de nos actions ?
Je dis la même chose de certains mouvemens de vanité, dont on se sent
chatouiller lors qu'on fait quelque
action d'éclat, & qui a quelque chose

ſe d'extraordinaire. On les reprime,
on les étouffe, je l'avouë. Mais on
ne les étouffe qu'aprés qu'ils ſe ſont
formez, & qu'ils ont par conſequent
ſali l'action qui en eſt le ſujet.

La raiſon de tout ceci c'eſt que
lors que la grace nous regenere, elle
ne détruit pas tout à fait ce principe
de corruption qu'elle trouve en
nous. Elle ſe contente de le morti-
fier, & de l'affoiblir, juſqu'à ce qu'il
ſoit aneanti par la mort. Il ſubſiſte
toûjours dans les plus ſaints juſqu'aux
derniers momens de la vie, & s'oppoſe de toute ſa force à tout ce que
nous pouvons faire de meilleur. C'eſt
là ce combat de la chair contre l'eſprit, dont parle ſaint Paul Gal. V.
17. *La chair*, dit-il, *convoite contre
l'eſprit, & l'eſprit contre la chair, & ces
choſes ſont oppoſées l'une a l'autre, tellement,*
ajoûte-t-il, *que vous ne faites pas ce que
vous voudriez.*

De là vient que nos meilleures
œuvres reçoivent l'impreſſion de ce
double principe, & que ce que la
grace

grace y met de bien eſt affoibli, &
offuſqué par la chair. De là vient encore que nos meilleures œuvres ont
beſoin que le merite de Jeſus Chriſt
en couvre les imperfections. Et c'eſt
là auſſi ce que S. Pierre nous fait clairement entendre, lors qu'il aſſeure
que les ſacrifices ſpirituels que nous
offrons à Dieu, lui ſont agréables par
Jeſus Chriſt. Ils le ſeroient par eux-
mêmes, s'ils n'avoient point de défauts. Mais il faut bien qu'ils en
aient, puis que nous avons beſoin
du merite de ce grand Sauveur pour
les rendre agréables à ſon Pere, à
qui nous les preſentons.

CHA-

CHAPITRE XIX.

Comment il se peut que nos actions estant imparfaites, elles soient veritablement bonnes.

JE conclus de tout ce que je viens de dire que nos œuvres sont bonnes, & vraiment bonnes, & qu'avec cela neantmoins elles ne laissent pas d'avoir des défauts. Mais, dit-on, n'est-ce pas là une veritable contradiction? Car n'est-il pas vrai qu'il y a cette difference entre le bien & le mal, qu'un seul défaut suffit pour faire le mal, & que plusieurs perfections ne suffisent pas pour faire le bien, lors qu'il y en manque une seule qui étoit necessaire? *Bonum ex integrâ causâ, malum ex quovis defectu,* dit-on ordinairement. Si donc nos œuvres ont un seul défaut, ce seront de veritables pechez, & à plus forte raison si elles en ont plusieurs.

D'ail-

D'ailleurs, dans cette supposition quelle difference y aura-t-il entre les actions des enfans de Dieu, & celles de plusieurs pecheurs. Celles-ci sont bonnes dans leur substance, & ne sont mauvaises que dans la maniere. Si celles des enfans de Dieu ont le même défaut, d'où vient que Dieu accepte les unes, & rejette les autres? Un tel procedé n'est-il pas directement opposé à ce que dit l'Apôtre saint Pierre? *En verité j'apperçois que Dieu n'a point d'égard à l'apparence des personnes, mais qu'en toute nation celui qui le craint, & s'adonne à la justice, lui est agréable.* Act. X. verset 34. 35.

Ces deux objections paroissent pressantes, mais nos Docteurs y ont répondu fort solidement. Ils ont remarqué que nos actions peuvent avoir deux divers ordres de défauts, les uns qu'on peut nommer essentiels, les autres accidentels. Je mets au premier rang l'absence de quelqu'une des conditions, que j'ai indiquées dans les chapitres précedens. De cette

te maniere une action est defectueuse, lors qu'elle n'est point commandée, ou que l'étant elle n'est pas volontaire, ou qu'étant commandée &
volontaire on ne la rapporte pas à Dieu
comme à sa derniere fin, lors que la
foi & la charité ne portent pas à
la faire.

Les défauts accidentels sont ceux,
qui consistent dans l'imperfection de
ces mouvemens interieurs, qui font
leur bonté. Par exemple, lors que la
foi n'est pas assez ferme, ni la charité
assez fervente. Cela fait, non une imperfection d'essence, mais une imperfection de degrez, & par consequent
une imperfection accidentelle.

Les défauts du premier ordre rendent mauvaise l'action où ils se trouvent: Et c'est ce qu'on voit dans les
actions des pecheurs, que la grace n'a
pas encore regenerez. Elles manquent toûjours de quelque condition
essentiellement necessaire, tel qu'est
en particulier le rapport de l'action à Dieu comme à sa derniere fin.
Ce défaut étant essentiel, il fait
que

que l'action n'eſt nullement bonne, ou ne l'eſt du moins qu'en apparence. Mais les défauts du ſecond ordre ne font pas le méme effet. Ils font bien que l'action n'eſt bonne qu'imparfaitement, mais ils ne font pas qu'elle ſoit mauvaiſe.

Il y a donc bien de la difference entre les actions de Dieu, & celles des pecheurs. Celles des derniers ont des défauts eſſentiels, & par conſequent ſont de veritables pechez. Celles des premiers n'ont que des défauts accidentels, & par conſequent ne laiſſent pas d'être bonnes. Ainſi il n'eſt pas étonnant que Dieu rejette les unes & accepte les autres.

Un Scholaſtique moderne, & fort eſtimé dans la communion Romaine, nommé Vincent Contenſon, va beaucoup plus loin. Il ſoûtient qu'une action peut être bonne, étant faite par deux motifs, l'un bon, & l'autre mauvais. Voici l'exemple qu'il en donne. Un homme va à l'Egliſe pour y faire ſes devotions. Il trouve à la porte un povre qui lui demande

de l'aumône. Il est assez charitable
pour la lui donner. Mais peut-être
ne la donneroit-il pas si promptement,
ou si largement, si personne ne le regardoit. Il sait qu'il est veu de plusieurs, qui prennent garde à ce qu'il
fera. Ainsi la vanité se joint à la charité, & fait qu'il s'empresse à donner,
& donne même plus abondamment
qu'il ne feroit sans cela. Par conséquent la charité & la vanité s'unissent
ensemble pour porter cet homme à
donner l'aumône.

Le cas est, non seulement possible,
mais tres ordinaire. Toute la question se reduit à savoir si une telle aumône doit passer pour une bonne œuvre, ou pour un peché. Contenson
soûtient qu'elle est l'un & l'autre.
Il passe même jusqu'à soûtenir que
s'il en étoit autrement à peine les plus
saints feroient-ils de bonnes œuvres,
n'y en ayant presque aucune, dont
quelque défaut semblable n'altere la
pureté. Voici ses paroles. *Ratio à pos-*
teriori est, quia sæpè, & serè semper, con-
tingit actus bonos supervenientis finis, vel
cir-

*circunſtantiarum malitiâ, veluti terreno
halitu obnubilari: cum enim nullus fe-
re ſit actus bonus in viris etiam ſanctis
quantumvis vigilantibus, cui in hac vi-
tâ non deſit aliqua circumſtantia, vel non
admiſceatur aliqua mala, licet levis, ſe-
queretur nullum dari actum meritorium,
ſi quavis circunſtantiâ veniali in actum
quemlibet heroicum irrepente, tota bonitas
extinguatur; meritum enim ſoli innixum
eſt bonitati, quâ aſſumptâ omnis ope-
rum fructus perdatur neceſſe eſt. Conſe-
quens autem eſt valde durum, imò & Pa-
trum doctrinæ, & ſuavi, & ſolito ſum-
mi Proviſoris modo agendi repugnans. Et
enim licet Sancti fateantur omnes juſtitias
ſuas eſſe tanquam pannum menſtruata,
ideoque ſe ſervos inutiles prædicent, non ta-
men deſpondent animum, nec corde ca-
dunt, ſed bonis operibus inceſſanter inſiſ-
tunt, ſcientes quòd Deus, qui ſcrutatur
renes, & corda, ſeparabit pretioſum à vi-
li. &c. Cont. Theol. mentis & cordis
lib. VI. Diſſ. 2. cap. 2. ſpec. 2.*

Il attribuë le meme ſentiment à
Cajetan, & à un Dominicain Eſpa-
gnol.

gnol, fort estimé dans son ordre, nommé Jean de saint Thomas. Les raisons qu'il en donne dans la suite me paroissent un peu abstraites. Mais en voici de plus aisées à comprendre, & de plus proportionnées à la capacité de toute sorte d'esprits.

Premierement, on ne peut douter que Dieu n'ait diverses fois recompensé de cette sorte d'actions. L'exemple des Sages-femmes d'Egypte, & celui de Rahab, le font voir avec évidence. Elles firent de bonnes actions, les premiéres en épargnant les enfans des Israëlites, & la seconde en cachant leurs Espions. Mais elles souillerent la bonté de leurs actions par des mensonges. Et Dieu nonobstant ces mensonges recompensa leurs actions. Ne peut-on pas en conclure qu'il y avoit quelque chose de bon dans ces actions? Car enfin est-il concevable que Dieu ait recompensé des pechez?

On dira peut être que cette raison n'est pas bonne, puis que selon S. Augustin

Dieu

Dieu recompenſa les vertus morales
des anciens Romains en leur donnant
l'Empire de l'Univers, quoi que ſelon ce Pere ces vertus ne fuſſent que
des pechez éclatans, *ſplendida peccata.*
Je réponds que je ne ſaurois admettre
cette penſée de S. Auguſtin. Il y
avoit tant d'injuſtice, tant d'ambition, tant d'orgueil, dans ces vertus
Romaines, que je ne puis me perſuader que Dieu les ait recompenſées.
D'ailleurs la recompenſe ne me paroît pas digne de Dieu. Les Romains ne ſe rendirent les maîtres du
monde que par leurs victoires, & ils
remporterent ces victoires par tant
d'actions de violence, d'injuſtice, &
de cruauté, que je ne puis me reſoudre à les regarder comme des benedictions de Dieu. Elles me paroiſſent
plûtôt des effets redoutables de ſa colere. Ainſi ma raiſon ſubſiſte, &
& cette objection ne l'affoiblit point.

II. Je ne croi pas qu'on me nie que
toute action inſpirée en partie par la
charité, ne ſoit, au moins à cet égard,
l'effet de la grace, & que le S. Eſprit
ne

ne foit le veritable Auteur de toute la part que la charité y peut avoir. Et en effet d'où eft-ce que cette charité, foit actuelle, foit habituelle, pourroit venir que de la grace? & fi fans la grace on pouvoit agir en partie par charité, en partie par vanité, pourquoi fans cette même grace ne pourroit-on pas agir uniquement par la charité? Que fi le S. Efprit a quelque part dans cette action, qui peut douter qu'elle ne foit bonne, au moins en partie? Car enfin ne feroit-ce pas un blafphéme que de dire qu'il eft l'Auteur d'un peché?

III. L'aumône, dont il s'agit, eft compofée de trois actes. Il y a premierement un mouvement de charité. Il y a en deuxiéme lieu un chatouillement de vanité, Il y a enfin une action externe & fenfible. Il n'eft pas impoffible que ces trois actes foient diftincts, & feparez l'un de l'autre, quoi qu'ils fe fuivent de prés. Il eft trés poffible qu'on refolve d'abord par un principe de charité de donner l'aumône, qu'en fuite la vanité s'y mêle,

mêle, & qu'enfin on la donne en vertu, & par la force de ces deux actes.
Il est même croyable que c'est-là ce
qui arrive ordinairement.   Cependant ceci posé il n'y a point de doute
que le premier acte ne soit bon, &
toute la difficulté se reduit au troisiéme.   Mais comme les actes externes
n'ont d'eux mêmes aucune bonté, ni
aucune malice morale, & que c'est
proprement dans les internes que cette bonté & cette malice resident, c'est
fort improprement qu'on appelle les
externes bons ou mauvais. Ainsi à cet
égard la question se reduit à tres-peu
de chose, & n'est peut-être qu'une
pure question de mots.

Tout cela fait que le sentiment de
Contenson me paroît assez probable.
C'est tout ce que j'en puis dire, & je
n'ai garde de le donner pour certain.

CHA-

CHAPITRE XX.

D'où vient que nos bonnes œuvres font imparfaites.

TOut ce qne je viens de dire fait voir que nos bonnes œuvres ne font jamais fans quelque défaut. Mais, dira-t-on, d'où cela vient-il? Il n'y a point de doute que la veritable fource de ce défordre ne foit la dépravation de la nature, à laquelle la grace ne remedie qu'imparfaitement. Elle ne détruit pas abfolument cette chair, ce principe de mal, que nous avons porté en venant au monde. Elle fe contente de l'affoiblir. Comme d'ailleurs il fe mêle dans toutes nos actions, il n'eft pas étrange qu'elles foient fi defectueufes.

Mais, dira-t-on, d'où vient que la grace ne détruit pas abfolument ce principe de corruption & de défordre? Il y a bien des Theologiens qui

foû-

foûtiennent que Dieu ne trouve pas à
propos de le faire , parce qu'il veut
nous tenir en exercice d'humilité, n'y
ayant rien de plus mortifiant pour
nous que de voir que quelques efforts que nous puiſſions faire , il ne
nous arrive jamais de faire rien d'a-
chevé.

Mais il eſt étonnant que d'habiles
gens aient pû ſe payer d'une penſée,
ſi fauſſe, & ſi je l'oſe dire, ſi abſur-
de. Car comme nôtre corruption
n'a rien de plus criminel que l'orgueil, ni la ſainteté quoi que ce ſoit
de plus eſſentiel que l'humilité, dire
que Dieu laiſſe ſubſiſter nôtre corruption pour nous humilier , c'eſt dire
qu'il laiſſe ſubſiſter nôtre orgueil afin
de nous rendre plus humbles , ce qui
eſt viſiblement ridicule. En effet ſi
nous étions parfaitement ſaints , nous
ſerions parfaitement humbles, & nous
n'aurions aucun beſoin de cet étrange
ſecours pour triompher de l'orgueil.

Je ne ſaurois donc admettre cette
raiſon , & je trouve quelque choſe de
bien plus plauſible dans les ſuivantes.

I. Cha-

I. Chacun peut remarquer sans peine que la maxime la plus constante de la Sagesse infinie, c'est de ne faire jamais passer les sujets d'une extremité à l'autre, que par un milieu, où elle les retient pendant quelque temps. On le voit dans la nature. On passe par l'enfance, par l'adolescence, par la jeunesse, avant que de venir à l'âge viril. Un arbre ne se forme pas en un jour. Ce n'est d'abord qu'un grain de semence. Quelque temps aprés ce grain pousse un germe. Ce germe croît & se fortifie par des progrés insensibles, & il faut bien des années avant que ce soit un grand arbre. Le crepuscule joint ensemble la nuit & le jour. On peut remarquer la même chose dans toutes les Economies de la grace. Pourquoi trouveroit-on étrange qu'on le voie dans la sainteté? N'est-il pas naturel qu'on ne passe des ordures du peché regnant à la parfaite sanctification, que nous esperons de posseder un jour dans le Ciel, qu'on n'y passe, dis-je, qu'en parcourant tous les degrez d'une sainteté imparfaite & defectueuse. H 2 II.

II. La régle de S. Paul me paroît trés-juste & trés-raisonnable. *Nul ne sera couronné, s'il n'a legitimement combattu.* Il est juste que nous luttions contre nos imperfections, avant que de posseder l'honneur du triomphe. Si d'abord aprés nôtre conversion nôtre sainteté étoit parfaite & accomplie, nôtre état seroit un état de paix & de calme. Mais n'est-il pas juste d'acheter en quelque façon les douceurs de cette paix par les fatigues & par les efforts du combat? Ne faut-il pas que la guerre précede la victoire, & la victoire le triomphe?

III. J'ai de la peine à me persuader que s'il y avoit quelque homme parfait sur la terre, Dieu l'y laissât un moment. Il cueilliroit d'abord ce fruit, qui seroit parvenu à une telle maturité. Et en effet, une terre remplie de tant de désordres, où l'ignorance, l'erreur, & le vice dominent avec tant d'empire, est-elle un sejour digne d'un homme, dont la sainteté n'eût point de défaut? C'est-ce qu'il est malaisé de s'imaginer.

ner. Comme donc le monde ne pouvoit se passer de sainteté, & qu'il n'en pouvoit avoir de parfaite, il étoit de la bonté de Dieu de lui en donner une qui eût des imperfections.

IV. Rien ne fait voir plus évidemment le neant de la creature, que cette imperfection de nos bonnes œuvres. Comment seroit-il possible de s'en convaincre plus fortement, qu'en considerant que même avec le secours d'une grace surnaturelle, nous ne pouvons, ni nous empêcher de commettre divers péchez, ni faire des œuvres qui soient sans défaut? Comme donc il étoit bon pour la gloire de Dieu que la foiblesse de l'homme parût, il n'est nullement étonnant qu'il ait permis cet effet, qui sert au moins à ce grand usage.

V. J'ajoûte que rien ne met dans un plus grand jour toute l'étenduë de la bonté & de la misericorde de Dieu. Ne faut-il pas qu'elle soit immense & inépuisable, puis que non seulement il supporte de telles imperfections dans ses chers enfans, mais encore

H 3

que

que nonobſtant ces imperfeſctions, il les couronne de toute la felicité de ſon Ciel? Ainſi la gloire de Dieu étant la derniere fin de toutes choſes, ces imperfeſctions, qui lui donnent tant de relief, ne doivent en aucune façon nous ſurprendre.

Je ne prétends pas au reſte que ces raiſons ſoient préciſement celles qui ont determiné la ſageſſe éternelle à ce qu'elle a fait. Je ſuis trés éloigné d'une penſée ſi préſomptueuſe. Mon deſſein eſt de faire voir qu'à ne juger de cette conduite de Dieu que par des veuës purement humaines, on la trouvera pleine de ſageſſe, & digne de lui, ce qui n'empêche nullement qu'il n'ait eu de tout autres raiſons, incomparablement plus grandes & plus ſublimes, que toutes celles que nous pouvons découvrir, pour faire ce qu'il a fait.

CHA-

CHAPITRE XXI.

Si les bonnes œuvres sont necessaires. Qu'elles le sont au moins de cette espece de necessité, qu'on appelle communément de precepte.

LA question qui fait la matiere de ce chapitre, & des deux suivans, est de la derniere importance. On demande si les bonnes œuvres sont necessaires. Il y a quelques Theologiens Protestans, tant· Lutheriens, qne Reformez, à qui cette necessité a fait peur. Ils ont craint que si une fois elle étoit reçue, on en conclût dans la suite que les bonnes œuvres sont meritoires, ce qu'ils regardoient avec raison comme un écueil qu'on doit éviter. C'est pourquoi ils ont creu qu'on doit se garder d'attribuer de la nécessité à nos bonnes œuvres.

Mais en premier lieu il est certain que la crainte qui les a retenus n'a au

H 4

cun

cun fondement. Il n'y a point de conſequence à tirer de la neceſſité au merite, & il y a dans le monde, & dans la Religion une infinité de choſes, qui paſſent pour abſolument néceſſaires, & que perſonne ne regarde comme meritoires. Il n'y a point d'emploi, ni de dignité, civile, ou Eccleſiaſtique, qu'on puiſſe obtenir ſans avoir, ou un certain âge, ou une certaine naiſſance, ou de certaines qualitez. Perſonne pourtant ne dira que, ni cet âge, ni cette naiſſance, ni ces qualitez, meritent ces emplois & ces dignitez.

Mais n'allons pas ſi loin. Ceux-là mêmes qui ne peuvent ſouffrir qu'on diſe que les bonnes œuvres ſont neceſſaires, ne laiſſent pas de dire que la foi l'eſt. Ils ne croyent pourtant pas que la foi merite ce qu'elle obtient. Perſonne même ne le croit, & l'Egliſe Romaine en particulier, qui comme chacun ſait garde ſi peu de meſures ſur cette matiere, ne croit pas que la foi merite ce que Dieu lui accorde, comme on le verra dans la ſuite.   Il

Il n'y a donc point de conséquence à tirer de la nécessité au merite, ni dans les principes de l'Eglise Romaine, ni dans les nôtres, & j'ajoûte qu'il y a de l'imprudence à soûtenir le contraire. Car si cela passoit une fois pour constant, il seroit extrémement difficile d'empêcher la plûpart du monde de croire que les bonnes œuvres sont meritoires, puisqu'il est si certain qu'elles sont ce que toute la terre entend par le terme de necessaires. Voici en effet le raisonnement qu'on fera.

Vous reconnoissez qu'on ne peut nier que les bonnes œuvres ne meritent le Ciel, s'il est vrai qu'elles soient necessaires pour le posseder. Or est-il qu'elles sont necessaires pour cet effet. Donc elles sont meritoires. Rien n'est plus aisé que de prouver la mineure, pourveu qu'on la prenne au sens auquel toute la terre entend cette façon de parler comme on le verra dans la suite. Ainsi la consequence passera pour incontestable.

On aura beau aprés cela chicaner sur le sens du mot. L'usage constant qu'il

H 5.

a dans

a dans le langage de tous les hommes prévaudra sans peine sur tout ce que l'on pourra dire, & empêchera que ceci ne fasse aucune impression sur l'esprit. Voilà ce qu'on gagne à vouloir trop fuir une erreur. On y retombe à force de tâcher de s'en éloigner, & on l'affermit en ne se prenant pas comme il faut à faire ce qu'on peut pour la ruïner.

Il y a encore un autre danger, auquel on s'expose par là. En effet, s'il passoit une fois pour certain que les bonnes œuvres ne sont pas necessaires, il n'y auroit rien de plus naturel que d'en conclure qu'on peut en negliger la pratique sans renoncer au salut. Je veux même que cette consequence ne soit pas juste. On ne peut au moins me nier qu'elle ne le paroisse à tous ceux qui ne sont pas Theologiens. On ne peut nier qu'elle n'ait quelque chose qui frappe & qui éblouït, & qui fait une impression extrémement vive sur les esprits du vulgaire. Qu'on voye cependant s'il est possible d'imaginer un dogme plus pernicieux, ni plus détes-

déteſtable que celui de dire qu'on peut
negliger la pratique des bonnes œuvres ſans ſe fermer la porte du Ciel.
C'eſt à quoi il eût été à ſouhaitter
qu'on eût fait autant d'attention,
qu'on en a fait au vain & imaginaire
danger de donner quelque avantage
aux défenſeurs du merite.

Au fond je ſuis fort trompé ſi toute
la conteſtation qu'il y a ſur ceci ne
vient de ce qu'on n'a pas obſervé en
cette occaſion ce que les nouveaux
Philoſophes recommandent ſi fortement ſur toute ſorte de matieres. C'eſt
de n'entreprendre jamais de décider
aucune queſtion, qu'aprés en avoir
défini exactement tous les termes. Si
on avoit pratiqué cette régle en cette
occaſion, ſi on avoit bien fixé la ſigni-
fication du terme de *néceſſaire*, la déter-
minant à un certain ſens clairement &
nettement exprimé, chacun auroit
veu ſans peine ſi on doit l'admettre, ou
le rejetter.

Le terme de néceſſaire eſt fort équi-
voque. Il a pluſieurs ſignifications,
parmi leſquelles il y en a de celles

H 6

qu'on

qu'on peut appliquer aux bonnes œuvres, & d'autres qui ne leur conviennent point. Il y a en premier lieu une
certaine nécessité, qu'on appelle communément *de precepte*, & qui convient
à tout ce qui nous a été commandé de
Dieu, & qu'on ne peut negliger fans lui
defobeïr & fans l'ofenfer. De cette maniere le néceffaire eft oppofé, d'un côté à ce qui n'eft que permis, & de l'autre à ce qui n'eft que confeillé comme
un bien plus grand, à la verité, & plus
excellent, mais dont on peut fe paffer.

Mais peut-on nier que les bonnes
œuvres ne foient neceffaires en ce fens
là? N'eft-il pas vrai que Dieu ne fe contente pas de nous permettre, ou de nous
confeiller de les faire, mais qu'il nous
le commande, nous l'ordonne, & nous
y oblige, nous menaçant même de fa
vengeance, au cas que nous venions à
les negliger? N'eft-il pas vrai même
qu'il y a tout un ordre de pechez, qui
ne confiftent qu'en cela feul? Je parle
de ceux d'omiffion.

Mais ceci eft fi inconteftable, que
ce feroit abufer de la patience de mes
Lecteurs, que de m'amufer à en donner

ner des preuves. Il fera bien plus à propos de dire un mot fur une queftion
importante, qui fe prefente fur ce fujet.
On demande quand c'eft que l'omiffion des bonnes œuvres eft criminelle.

Pour répondre à cette queftion je dis
en premier lieu qu'elle ne l'eft pas toûjours. Si elle l'étoit toûjours, il ne feroit
jamais permis de dormir, puis qu'en
dormant on ne fauroit faire aucune
bonne œuvre. Auffi les Theologiens
ont accoûtumé de dire que les preceptes affirmatifs, qui font ceux qui pre-
fcrivent les bonnes œuvres, obligent à
la verité *toûjours*, mais n'obligent pas *à
toûjours*, c'eft à dire qu'à la verité on y
eft toûjours affujetti, mais qu'on n'eft
pas obligé à travailler fans relâche à
les obferver.

Il eft donc certain que l'omiffion des
bonnes œuvres eft quelquefois criminelle, & que quelquefois auffi elle ne
l'eft pas. Mais quand eft-ce qu'elle
l'eft? Plufieurs difent qu'elle eft criminelle, lors que trouvant l'occafion
de faire quelque bonne œuvre on ne la
fait pas. Mais en éfet cette réponfe n'eft
pas folide. C'eft ce que deux confiderations font voir clairement.   La

La premiére, qu'il est certain qu'on ne péche pas toutes les fois qu'ayant l'occasion de faire quelque bonne œuvre, on ne la fait pas. Il arrive tres-souvent que deux bonnes œuvres sont incompatibles, & qu'il faut omettre l'une pour faire l'autre. C'est ce qui arrive en mille façons, que chacun peut imaginer. Figurons-nous donc que l'occasion de faire deux, ou plusieurs de ces bonnes œuvres se presente tout à la fois. Il est certain qu'on ne péche pas en omettant l'une pour faire l'autre, & ainsi il n'est pas vrai que les bonnes œuvres soient nécessaires toutes les fois qu'on en trouve l'occasion.

La seconde consideration qui fait voir que la necessité des bonnes œuvres doit avoir quelque autre régle que l'occasion, c'est qu'il ne faut pas toûjours attendre que l'occasion d'en faire s'offre d'elle-même. Il faut quelquefois la chercher. Qui doute que la veritable amitié ne porte souvent à rechercher les moyens & les occasions de rendre du service à ceux que l'on aime?

aime? & qui peut douter que la pieté ne doive être tout au moins aufli agif-fante, & aufli empreffée, que la plus tendre amitié?

D'autres difent que l'omiffion eft criminelle, lors que d'un côté on peut, & que de l'autre on doit faire l'action qu'on omet. Cette régle eft certaine, mais elle eft de tres-peu d'ufage. Car la difficulté confifte à favoir quand c'eft qu'on doit faire l'action com-mandée, & c'eft ce que cette régle ne nous apprend pas.

Pour tâcher de dire quelque chofe de plus précis, il faut remarquer en premier lieu qu'il y a trois fortes de commandemens, qu'on trouve dans l'Ecriture. Les premiers marquent eux mêmes les temps & les occafions, où nous les devons obferver. Tel eft le commandement de la circoncifion, celui du Sabbat, celui de la Pafque, &c. Les feconds font des commande-mens vagues & indeterminez, qui ne marquent aucune occafion particulie-re, où l'on doive les obferver, tels que font ceux qui nous ordonnent de

croire

croire en Dieu, de l'aimer, d'aimer le prochain &c. Les dernieres tiennent quelque chofe des uns & des autres. Ils marquent quelques occafions particulieres, où l'on doit faire ce qu'ils ordonnent, & laiffent les autres fans les marquer. Tel eft le commandement de la priére, & tel encore celui de l'aumône. L'Ecriture nous marque divers cas aufquels on doit remplir ces devoirs, mais elle ne les marque pas tous, & fe contente de nous dire fur la plûpart des chofes affez generales.

Il n'y a aucune difficulté à l'égard des actes commandez par les préceptes du premier ordre, & même pour ceux du troifiéme dans les cas marquez par la Loi. L'omiffion eft vifiblement criminelle, lors qu'on laiffe paffer les occafions aufquelles il falloit les faire. Ainfi la difficulté fe reduit aux actes qui ne font preferits que par des préceptes indeterminez.

Il faut remarquer en deuxiéme lieu que felon S. Paul la fin du commandement eft la charité, & que d'ailleurs

cette

cette vertu doit être le principe & la source de nos bonnes œuvres. Ainsi on ne doit pas craindre de se tromper si on dit que les bonnes œuvres sont nécessaires, lors que la charité demande qu'on les fasse. Cette charité au reste a trois objets, Dieu, nôtre prochain, & nous-mêmes. Nous devons aimer Dieu, & l'aimer de tout nôtre cœur, de toute nôtre ame, & de toute nôtre pensée. Nous devons aimer nôtre prochain comme nous-mêmes. Nous devons nous aimer nous-mêmes, mais nous aimer sagement, & judicieusement, tâchant de nous procurer les vrais biens, qui sont les spirituels & les éternels.

Il faut remarquer en troisiéme lieu que non seulement il n'y a aucun de ces trois amours, qui ne nous oblige à faire quelque bonne œuvre, mais qui ne nous y portât actuellement & efficacement, s'il étoit tel qu'il devroit être. En effet si nous aimions Dieu de tout nôtre cœur, pourrions-nous nous dispenser de faire.

faire les œuvres, qui d'un côté peuvent servir à avancer sa gloire & de l'autre peuvent nous mettre en état de lui plaire, & de nous attirer de plus en plus son amour? Si nous aimions tous nos prochains comme nous mêmes, negligerions-nous aucune des choses, qui peuvent avancer leur salut, ou remedier à leurs necessitez, soit corporelles, soit spirituelles? Si nous nous aimions regulierement nous mêmes, ne ferions-nous pas tout ce qui peut servir à avancer l'ouvrage de nôtre propre salut, & à nous affermir de plus en plus dans la foi, & dans la pieté?

C'est ce qui ne souffre point de difficulté. Cependant tout ceci posé, qui ne voit que toutes les œuvres, ausquelles l'un ou l'autre de ces trois amours nous porteroit efficacement, si nous le possedions dans sa perfection; sont necessaires de necessité de précepte, & qu'on péche si on ne les fait?

Qu'on juge par là du prodigieux nombre des pechez, que les plus justes

tes & les plus parfaits commettent, je
ne dirai pas dans tout le cours de leur
vie , mais dans chacune des parties
tant soit peu considerables de cette
vie. Qu'on juge jusqu'à quel excés il
faut que Dieu porte son support &
son indulgence pour ne pas perdre
éternellement tous les hommes sans
exception. Qu'on juge de la reconnoissance que nous lui devons de ce
qu'il ne se tient pas à cet égard à la rigueur de ses droits. Que l'on considere enfin à quel point nous devons
nous humilier, ou pour mieux dire
nous anéantir en sa presence, puis que
ceci seul nous fait voir d'une maniere
si sensible & si évidente l'abîme de difference qu'il y a entre nôtre conduite
& nôtre devoir.

En effet à peine y a-t-il aucun moment en la vie, ou l'un ou l'autre
de ces trois amours ne nous obligeât à
agir. Et cependant il y en a incomparablement davantage, où, je ne dirai
pas les Chrétiens froids & relâchez,
mais les plus fervens, & les plus parfaits, ne font rien qui puisse passer
pour

pour une bonne œuvre, que de ceux où ils s'appliquent à ce travail. Il y en a donc tres-peu où ils ne pechent. C'eſt-ce qui ne ſouffre point de difficulté.

Mais pour revenir à nôtre ſujet, on demandera ſi cette regle, qui eſt ſi conſtante dans le ſens affirmatif, l'eſt auſſi dans le negatif, je veux dire ſi comme il eſt certain que toutes les actions particulieres, auſquelles l'un ou l'autre de ces trois amours nous engage, ſont neceſſaires, on peut dire auſſi qu'il n'y a que ces mêmes actions qui le ſoient.

C'eſt dequoi je ne doute point. Ce qui me le perſuade c'eſt que s'il y avoit quelque action qui fût neceſſaire, ſans que la charité nous y appellât, il ne ſeroit pas vrai de dire que cette vertu eſt l'accompliſſement de la loi, comme l'Apôtre l'aſſeure en autant de mots. Jeſus Chriſt encore n'aura pû dire que toute la loi, & tous les Prophétes, dépendent de ces deux points, que nous aimions Dieu de tout nôtre cœur, & nôtre prochain

com-

comme nous mêmes. Enfin je suis
persuadé qu'on ne sauroit indiquer
aucune action nécessaire à laquelle la
charité ne nous porte efficacement.

CHAPITRE XXII.

*Que les bonnes œuvres sont nécessaires en ce
sens, qu'il est impossible d'être sauvé,
si on n'en fait aucune.*

LE chapitre précédent a fait assez voir que nos bonnes œuvres
sont necessaires, au moins de cette espece de nécessité, qu'on appelle communément *de précepte.* J'ajoûte pré-
sentement qu'elles le sont encore en
un autre sens, qui est le premier qui
se présente à l'esprit, lors qu'on voit,
ou qu'on entend, que cette qualité
leur est attribuée. C'est qu'il est impossible d'être sauvé si on n'en fait aucune, c'est qu'il n'est jamais arrivé,
& qu'il n'arrivera jamais qu'un homme qui n'a point fait de bonnes œuvres, sauvé. Ce

Ce fens n'a rien que d'inconteſtable, & il faudroit n'avoir jamais leu
l'Ecriture ſainte, ou la regarder comme un ouvrage purement humain, il
faudroit même n'avoir aucun ſentiment de pieté & de religion, pour
faire difficulté de le reconnoître. Qu'y
a-t-il ſurquoi l'Ecriture ſainte ſe ſoit
expliquée, ni plus clairement, ni plus
fortement? Et quand aurois-je fait,
ſi j'entreprenois de rapporter toutes
les preuves de cette verité capitale,
que ce ſacré livre nous fournit?

Que peut-on imaginer, par exemple, de plus exprés, que ce que S. Jean-
Baptiſte diſoit aux troupes dans le dé-
ſert? *La coignée eſt déja miſe à la racine
des arbres. Tout arbre donc, qui ne porte
point de fruit, s'en va être coupé & jetté au feu.*

La parabole du figuier a encore le
même ſens, & nous étale la même verité ſous une image fort aprochante de
celle-ci. En effet on ne peut nier, ni
que ces arbres, dont il eſt parlé en ces
deux endroits, ne ſoient les hommes,
ni que les fruits que ces arbres doivent
porter, ne ſoient les bonnes œuvres,

ni

ni enfin que le feu dont ces arbres font menacez, ne foit celui de l'enfer. C'eft donc une verité certaine & indubitable, que tous ceux qui ne font point de bonnes œuvres feront la proie de l'enfer, ce qui eft tout ce qu'on entend lors qu'on dit que les bonnes œuvres font néceffaires.

Cette même Ecriture dit que la moiffon de la gloire fera en quelque forte proportionnée à ce qu'on aura femé par de bonnes œuvres. *Ce que l'homme aura femé*, dit S. Paul, *il le moiffonnera auffi*. Et ailleurs, *Celui qui aura femé chichement recueillira auffi chichement, & celui qui aura femé liberalement recueillira liberalement*. Mais fi cela eft, qui peut douter que celui qui n'aura rien femé ne foit reduit par là même à l'impoffibilité de rien recueillir?

Elle dit que *perfonne ne fera couronné, s'il n'a combattu légitimement*. Quelle eft cette couronne, que celle du Ciel? Et quel eft ce combat, que celui de la pieté, qui n'eft autre chofe que l'exercice des bonnes œuvres?

Elle dit que *fans la fanctification nul ne*

verra

verra le Seigneur. Et peut-on feparer, ni en effet, ni même par la penfée, la fanctification de la pratique des bonnes œuvres?

Elle dit que la repentance eft abfolument neceffaire pour le falut, & que l'obftination & l'impénitence ne doit s'attendre qu'à la condamnation & à la mort. *Par ta dureté*, dit S. Paul, *& ton cœur qui eft fans repentance, tu t'amaffes un tréfor de colere, pour le jour de la colere, & de la déclaration du jufte jugement de Dieu.* Mais elle nous affure auffi que la repentance eft vaine, fi elle n'eft accompagnée de la pratique des bonnes œuvres. *Faites des fruits convenables à la repentance*, difoit en ce fens S. Jean-Baptifte dans le défert. Voyez auffi Efai I. 16. 17. mais fur tout Ezech XVIII. 6. 7. 8. 9.

Elle dit d'un côté qu'il eft impoffible d'être fauvé fans la foi, de l'autre que la foi eft infeparable des bonnes œuvres. *Celui qui ne croit point, eft déja condamné*, difoit Jefus Chrift, *& la colere de Dieu demeure fur lui.* Et pour le fecond, S. Jaques ne dit-il pas que

com-

comme le corps sans l'esprit est mort, aussi la foi sans les œuvres est morte? Et S. Jean que *si quelqu'un se vante de connoître Dieu, & ne garde point ses commandemens, c'est un menteur.*

Elle dit d'un côté qu'il est impossible d'être sauvé si on n'aime Dieu, & de l'autre que l'amour de Dieu est inseparable de la pratique des bonnes œuvres. *Si quelqu'un n'aime point le Seigneur Jesus, qu'il soit anatheme maranata,* disoit l'Apôtre S. Paul: Et Jesus-Christ, *Si quelqu'un m'aime il gardera mes commandemens. Vous serez mes amis, si vous faites tout ce que je vous ai commandé.*

Elle dit qu'il est impossible d'être sauvé sans la charité, même en souffrant le martyre, & en donnant tout son bien aux povres. C'est la doctrine de S. Paul I. Cor. XIII. Elle dit pourtant qu'il est impossible d'avoir de la charité, si on refuse d'assister les povres, ce qui fait l'une des plus excellentes de nos bonnes œuvres. *Si quelqu'un,* nous dit l'Apôtre S. Jean, *ayant des biens de ce monde voit son frere en necessité, & lui ferme ses entrailles, comment est-ce que la charité de Dieu demeure en lui?*

I

En-

Enfin, si on pouvoit être sauvé sans
avoir fait de bonnes œuvres, il faudroit
necessairement, ou que leur omission ne
fût pas un peché, ou que ce péché pût
être pardonné sans qu'on s'en repentit,
ou qu'on pût s'en repentir sans s'en corriger. Comme on ne peut dire aucune
de ces trois choses, & que le contraire est
certain & incontestable, il faut necessairement reconnoître qu'il est impossible
d'être sauvé sans faire de bonnes œuvres,
& qu'ainsi elles sont absolument necessaires.

CHAPITRE XXIII.

De quelle nature est la necessité des bonnes œu-
vres. Si ç'est une necessité de moyen.

IL faut remarquer en deuxiéme lieu
qu'il y a une double efficace, *la phisique*
& *la morale.* La premiere convient aux
choses qui produisent réellement leur effet. Ainsi le feu brûle, une boule qui est en
mouvement, & qui en rencontre une autre, la pousse, & la meut, &c. La seconde convient aux qualitez, aux actions,
& aux autres causes semblables, qui
con-

contribuent à la production de certains effets , non en les operant immediatement , mais en fervant de motifs , pour porter les agens libres à les
produire. Ainfi le travail d'un ouvrier lui fait obtenir fon falaire , por-
tant celui qui le lui a promis fous cette
condition à le lui donner.

Comme il eft certain que les bonnes œuvres n'operent pas phyfique-
ment le falut , & qu'il n'y a que Dieu
feul qui le produife en ce fens , il eft
certain qu'on ne peut leur attribuer
cette efpece de neceffité , & qu'en effet elles ne font pas neceffaires pour
être fauvé en la même maniere , en laquelle il eft néceffaire de refpirer , de
manger , & de boire , pour vivre.
Ainfi la queftion fe réduit à la neceffité fondée fur l'efficace morale.

Nous bornant donc à cette efpece
de neceffité , je dis qu'il y en a de trois
principales efpeces.

Il y a premierement une neceffité ,
que nos Theologiens appellent communément *de prefence*, & qui convient
à tout ce qui ne contribuant rien à la

pro-

production d'un effet, est une suite inseparable, ou tout au moins une marque seure & certaine de ce qui le produit. Ainsi, afin qu'une piece d'or ait cours, il faut qu'elle ait un certain degré de pesanteur, proportionné à son volume, parce que si elle ne l'a pas, on juge qu'elle est fausse.

Il y a en deuxiéme lieu une necessité qui convient à cette espece de conditions, sans lesquelles l'effet n'est jamais produit, mais qui peuvent être posées sans que l'effet suive. C'est ce qu'on appelle dans l'Ecole, *Conditiones sine quibus non*. Ainsi il n'y a point de Dignité, soit Civile, soit Ecclesiastique, qui ne demande necessairement un certain sexe, un certain âge, de certaines qualitez, sans lesquelles il est impossible d'y être promû, mais qui ne suffisent pas pour l'être.

Il y a en troisiéme lieu une necessité, qui convient à cette sorte de conditions, sans lesquelles l'effet n'est jamais produit, & qui ne sont jamais posées que l'effet ne suive. C'est ce qui peut venir de trois causes.

Quel-

Quelquefois cela vient d'une loi positive, & arbitraire, sans qu'il y ait aucune liaison naturelle entre la condition & l'effet. Ainsi il étoit necessaire que le premier homme s'abstînt du fruit défendu pour éviter la mort, & pour demeurer dans le jardin.

Quelquefois cela vient de la nature des choses mêmes, qui sont telles, que l'agent en juge toûjours d'une certaine façon, & ensuite se porte à produire l'effet, sans qu'il y ait aucune relation de justice, ni consequemment de merite, entre la condition & l'effet. Ainsi un bon Maître recompense un esclave, qui lui a rendu quelque service considerable.

Quelquefois enfin cela vient de l'égalité qui se trouve entre la condition & l'effet, comme il arrive dans les actions meritoires. Il est necessaire de cette façon qu'un ouvrier travaille afin de gagner son salaire.

Ce sont là les principales especes de nécessité qu'on peut remarquer dans les

I 3

cho-

choſes qu'on regarde comme neceſſaires. Rien n'eſt maintenant plus aiſé
que de voir quelles ſont celles qui conviennent ou ne conviennent pas à nos
bonnes œuvres par rapport à la vie
éternelle.

Il eſt clair en premier lieu qu'on ne
peut leur conteſter la neceſſité de pre-
ſence. Tout ce que j'ai dit dans le chapitre précedent le fait aſſez voir.

Je ne dis pas tout à fait la même choſe de la ſeconde.   Il y a de nos Theologiens qui l'attribuent à nos bonnes
œuvres, & qui diſent qu'elles ſont des
conditions ſans leſquelles on n'eſt pas
ſauvé.   C'eſt le ſentiment de Pareus,
rapporté par M. le Blanc.   C'eſt encore celui de M. Bull.   D'autres le
nient. Mais il me ſemble qu'à ſuivre
l'idée que j'en ai donnée on ne peut
douter que cette qualité ne convienne
à nos bonnes œuvres. Quoi qu'il en
ſoit, s'il y a quelque diſpute ſur ce ſujet, c'eſt une diſpute de mots, qu'on
peut terminer en convenant de ce
qu'on entend par cette expreſſion.

A l'égard de la troiſiéme, il eſt certain

tain en premier lieu que les bonnes œuvres ont les deux caracteres qui là font connoître. D'un côté on n'eſt jamais ſauvé ſans les œuvres. De l'autre on ne fait jamais les œuvres ſans être ſauvé. Mais comme j'ai dit que cette troiſiéme eſpece de neceſſité ſe ſubdiviſe en trois autres, pour en bien juger il faut parcourir ces trois eſpeces inferieures & particulieres.

On ne peut pas dire en premier lieu que la néceſſité des bonnes œuvres ſoit de la nature de celles qui vient d'une loi arbitraire, & qui n'a aucun fondement dans la nature de la choſe même. Car enfin les bonnes œuvres ſont d'elles-mêmes tres-agréables à Dieu, & ſa bonté le porte efficacement, & comme naturellement, à les recompenſer.

D'un autre côté on ne peut dire que nos bonnes œuvres meritent la recompenſe que Dieu leur accorde. C'eſt ce qu'on verra dans la ſuite. Ainſi les bonnes œuvres ne ſont neceſſaires, ni en ce troiſiéme ſens, ni au premier, mais elles le ſont au ſe-

I 4

cond,

cond, parce d'un côté que la sainteté
de Dieu, & l'averfion qu'il a naturellement pour le crime, le porte à refu-
fer l'entrée de fon ciel à ceux qui s'ob-
ftinent à ne pas faire de bonnes œuvres, & de l'autre que fa bonté ne lui
permet pas de laiffer fans recompenfe
les bonnes actions de ceux qui le fervent.

CHAPITRE XXIV.

*Où l'on répond à quelques queftions touchant
la néceffité des bonnes œuvres.*

C E que je viens de dire fait affez
voir que les bonnes œuvres font
neceffaires de cette efpece de néceffité, qu'on peut appeller de moyen.
Mais cela pofé l'on demande fi on
doit attribuer une telle neceffité à toute forte de bonnes œuvres. C'eft à
quoi il eft aifé de répondre qu'elles
ne font pas toutes également neceffaires. Il y en a de celles dont la neceffité eft abfoluë. Telle eft celle
des

des actes internes de foi, d'esperance, de charité, d'humilité &c. Quel
Chrétien feroit-on, fi on ne faifoit
jamais de ces actes?

Mais il y en a d'autres dont la neceffité n'eft pas auffi grande. Telles
font les actions fenfibles & exterieures, la confeffion de la verité, le
martyre, l'aumône, la protection
qu'on donne à ceux qui font oppri-
mez, &c. On peut ne pas faire de
ces œuvres fans renoncer au falut. Il
y a même des occafions, où ce n'eft
pas pécher que de ne les pas faire.

La raifon de la difference, c'eft premierement que les actes internes font
beaucoup plus en nôtre puiffance que
les externes. Nous ne pouvons pas
toûjours faire ces derniers, quoi que
nous le fouhaittions, foit parce que
nous n'en avons pas les occafions,
foit parce que nous n'en avons pas
les moyens. Mais fi nous voulons fortement & fincerement croire en Dieu, l'aimer, aimer nos
prochains &c. nous le pouvons,
& rien ne fauroit nous en empêcher.

Il étoit donc de la sagesse & de la bonté de Dieu de ne pas exiger les œuvres externes de la même maniere que les internes.

En deuxiéme lieu les externes n'ont pas une liaison aussi necessaire, & aussi inviolable, avec la veritable sanctification, que les internes. Sans ces derniers il est évident qu'il n'y peut avoir de veritable sanctification. Car en quoi est-ce que la sanctification consiste que dans les vertus? Et que sont les vertus sans les actes? Mais il n'en est pas de même des actes externes. Les vertus mêmes, dont ces actes sont l'exercice, peuvent subsister sans eux, & il est, par exemple, tres possible, qu'un homme ait de la charité sans donner l'aumône. Il ne faut pour le concevoir que poser un homme si povre, qu'il n'ait absolument rien qu'il puisse donner.

Mais il y a sur ceci trois remarques tres-importantes à faire. La premiére que quoi que les œuvres externes ne soient pas toûjours nécessaires, il n'est pas à dire qu'elles ne le soient jamais. Elles

Elles le font fans doute toutes les fois que leur omiffion feroit une preuve de l'abfence, ou de la fauffeté de la vertu, dont elles font l'exercice. C'eft ce que S. Jean nous apprend fur le fujet de l'aumône. *Si quelqu'un*, dit-il, *ayant des biens de ce monde voit fon frere en néceffité, & lui ferme fes entrailles, comment eft-ce que la charité de Dieu demeure en lui?* On peut dire la même chofe des autres femblables.

Mais lors que l'omiffion de l'œuvre n'induit pas qu'on manque de la vertu, dont cette œuvre eft l'exercice, on peut dire qu'elle n'eft pas neceffaire. Cela eft évident par l'exemple du povre, qui n'eft pas en état de donner l'aumône, & par plufieurs autres qu'il feroit facile d'y ajoûter, & que chacun apperçoit affez de foi-même. C'eft ici, fi je ne me trompe, la regle la plus certaine qu'on puiffe établir fur ce fujet.

Il faut remarquer en deuxiéme lieu que fi l'exercice actuel des bonnes œuvres n'eft pas toûjours neceffaire, elles le font toûjours à l'égard de la difpolition , & de la preparation du cœur. Je veux dire que nous devons être toûjours prêts, & en état de les faire, au cas que Dieu nous en offre les occalions. Nous devons toûjours avoir en nous le principe & la racine des bonnes œuvres, fi nous ne produifons pas toûjours ces fruits. Car, comme on l'a veu, le principe, & la racine des bonnes œuvres c'eft la charité, & la charité eft une vertu dont il n'eft jamais permis de manquer , & fans laquelle on n'eft rien.

Enfin il faut remarquer qu'il y a bien de la difference entre dire que les bonnes œuvres font tellement necef-faires, que fi on n'en fait jamais aucu-ne, il eft impoffible qu'on foit fauvé, & dire qu'elles font tellement necef-faires, que fi on en omet une feule, il faut qu'on periffe. Le premier de ces deux fens eft tres-véritable, & tout ce que j'ai dit jufqu'ici le fait affez voir. Le fecond eft faux. Car enfin fi Dieu ne pardonnoit jamais l'omiffion d'au-cune des œuvres qu'il a commandées, il n'y auroit perfonne qui fe fauvât.

C'eft.

C'est par là qu'on peut répondre à une objection, qu'on nous fait. On nous dit qu'il est tres possible qu'un homme se repente aux derniers momens de sa vie, & par consequent dans un temps, où il lui est impossible de faire de bonnes œuvres. Mais ce que je viens de dire détruit absolument cette objection. Premiérement si cet homme ne fait pas des œuvres externes, il en fait d'internes. Il a de la douleur de ses fautes, il les deteste, il en demande le pardon à Dieu, il implore sa misericorde, il a de la confiance en sa bonté, il l'aime, il a du mépris pour la terre, il soûpire aprés le bonheur du Ciel, il s'anéantit devant Dieu par un vif sentiment de son indignité & de sa bassesse. Et ne sont-ce pas là autant d'œuvres excellentes? il en fait même d'exterieures, s'il en a le moyen & les occasions. Si ces moyens & ces occasions lui manquent, cette omission ne lui est point imputée.

On demandera encore si Dieu ne supporte point l'omission des œuvres mêmes

qu'il a commandées, qu'on peut, &
qu'on doit faire, & dont on a les moyens & les occasions. Je réponds que
ceci ne souffre point de difficulté.
Non seulement Dieu pardonne toutes ces omissions à ceux qui s'en re-
pentent, & qui s'en corrigent, mais
il en supporte même quelques-unes en
la personne de ses enfans, quoi qu'ils
ne s'en corrigent point tout à fait. Il
faut bien que cela soit, puis qu'il n'y
a point de fidelle qui ne fasse quelqu'une de ces omissions au dernier
moment de sa vie, & par consequent
dans un temps, où il lui est impossible de se corriger. Ainsi si Dieu ne
supportoit ceci, il n'y auroit personne qui ne perît.

Enfin on demandera jusqu'où c'est
que va ce support de Dieu, & quelles
font les omissions qu'il souffre en la
personne de ses enfans, & qu'elles
celles qu'il punit. Il semble d'abord
qu'il y ait de la temerité à répondre à
cette question. Car sur quoi peut-on
se fonder pour prononcer là-dessus?
Je crois pourtant que la régle que j'ai
indi-

indiquée dans un autre endroit de ce chapitre peut être de quelque usage sur ce sujet. Dieu ne supporte en qui que ce soit l'omission des œuvres, qui est incompatible avec la verité de la sanctification & de la pieté. Mais il supporte celle qui peut subsister avec cette pieté & cette sanctification, & qui fait voir simplement qu'elle est imparfaite & defectueuse, sans prouver qu'elle n'est pas veritable.

C'est ce qu'on peut tenir pour constant. Mais si on me demandoit jusqu'où cette omission peut aller sans être une preuve de la fausseté de la sanctification, je ne croi pas qu'il fût possible de répondre solidement à cette question. Je suis persuadé que c'est ici l'un de ces secrets, que Dieu s'est reservez, & qu'il ne découvre à personne. Je croi au moins que quoi qu'il en soit des Anges & des bienheureux, les hommes pecheurs & mortels l'ignorent.

Voilà en peu de mots quelle est la necessité des bonnes œuvres. Cette nécessité étant telle, n'est-il pas étonnant

nant que les Chrétiens y aient si peu
d'égard, & qu'ils soient si negligens
pour la pratique de ces œuvres si
necessaires ? Ils croient tous un jugement, une vie à venir, un Paradis,
& un Enfer, car je ne parle maintenant, ni des Deïstes, ni des Athées,
je parle de ceux qui ont quelque persuasion forte ou foible, des veritez
du salut, & qui sont les seuls qu'on
peut appeller Chrétiens, à prendre
ce mot dans sa signification la plus
étendue.　Ils souhaittent d'éviter cet
Enfer, & de goûter les douceurs de
ce Paradis ; & ils savent d'ailleurs
qu'il est impossible de réussir, ni dans
l'un, ni dans l'autre de ces desseins,
sans faire de bonnes œuvres.　Comment se peut-il qu'ils les negligent
ayant un tel désir, & une telle persuasion ?

En effet l'un ou l'autre ôté, j'a-
voue que cette negligence n'a rien
qui doive surprendre.　Il seroit naturel qu'on negligeât des œuvres assez contraires à nos penchans, si on

ne

ne se soucioit pas de perir, ou si s'en souciant on croyoit que les faire n'est pas un moyen propre, n'est pas même un moyen nécessaire pour se sauver. Mais que voulant se sauver, & sachant qu'on ne le peut sans faire de bonnes œuvres, on n'en fasse point, c'est ce qu'on auroit de la peine à comprendre si on ne le voyoit tous les jours, & si chacun de nous n'en fournissoit un exemple.

Mais ce n'est pas ici le lieu de déplorer ce désordre. J'ai dit ce que j'en pense dans le premier Volume de mes Essais de Morale Disc. I.

CHA-.

CHAPITRE XXV.

Si nos bonnes œuvres sont meritoires. Réflexions sur le sentiment de quelques Docteurs de la Communion Romaine sur ce sujet.

CE que je viens de dire fait voir clairement comment, & en quel sens les bonnes œuvres sont necessaires. Il faut voir maintenant si elles sont meritoires, comme l'Eglise Romaine l'asseure. Mon dessein au reste n'est pas de traiter à fond cette question. Il faudroit pour cela un ouvrage à part beaucoup plus grand que celui-ci. Je m'y étendrai seulement tout autant que je le jugerai necessaire pour donner quelque intelligence de la matiere, & pour mettre quelque proportion entre ce que je dirai sur cette question, & ce que j'ai dit sur les autres, qui font ce Traité.

Il s'agit ici uniquement de savoir si

ce

ce que l'Eglise Romaine enseigne
sur ce sujet est veritable.   Il faut par
consequent commencer par tâcher
d'expliquer le plus nettement & le
plus fidellement qu'il sera possible la
creance de nos Adversaires sur cette
question. Voici en peu de mots ce que
c'est.

Ils distinguent en premier lieu un
double merite, l'un qu'ils appellent
de congruité, ou de bienseance, l'autre qu'ils appellent *de condignité* ; &
ils ajoûtent pour la plûpart que le premier de ces deux merites ne porte ce
nom qu'improprement, au lieu que
ce nom convient proprement au second. Ils font au reste consister la difference de ces deux especes de merite en ce que celui de congruité n'est
fondé que sur la bonté & la liberalité de Dieu, au lieu que celui de condignité emporte une relation de justice. Voici les propres paroles de Thomas d'Aquin. *On dit qu'un homme me-*
rite d'un merite de condignité, lors qu'il y a
de l'égalité entre la recompense & le merite
selon une juste estimation : Et on dit qu'on
meri-

merite d'un merite de congruité, lorsqu'il n'y a pas une telle égalité, mais que celui qui donne fait liberalement un present; qu'il lui sied bien de faire. Dicitur aliquis mereri ex condigno, quando invenitur æqualitas inter præmium & meritum secundum estimationem: ex congruo autem tantum quando talis æqualitas non invenitur, sed solum secundum liberalitatem dantis munus tribuitur, quod dantem decet. Thom. in 2. dist. 27. q. I. Art. 3.

Si lors que l'Eglise Romaine soûtient que les bonnes œuvres sont meritoires, elle entendoit seulement qu'elles le sont de cette espéce de merite, qu'elle appelle *de congruité*, il n'y auroit entre elle & nous à cet égard qu'une simple dispute de mots, & nous serions d'accord sur la chose même. En effet, nous n'avons garde de nier que ce ne soit une action digne de la bonté & de la liberalité de Dieu, de recompenser les services de ses chers enfans. C'est pourquoi aussi il y a quelques-uns de nos Theologiens, particulierement le Docteur Twisse; qui ne font pas

scru-

scrupule de dire que nos bonnes œuvres meritent *de congruo*.

Les autres à la verité n'approuvent pas cette façon de parler. Mais il faut avouer aussi qu'une difpute qui ne roule que fur des mots eft bien legere, & merite peu de partager les Chrétiens. Quoi qu'il en foit, l'Eglife Romaine l'entend autrement, & le merite qu'elle attribue à nos bonnes œuvres, eft un merite *de condignité*, & proprement dit. C'eft ce qui paroît non feulement par le langage de tous fes Docteurs, mais encore par la décifion formelle de fon Concile de Trente. *Si quelqu'un,* dit-il, *foûtient que les bonnes œuvres de l'homme juftifié.... ne meritent pas veritablement l'augmentation de la grace, la vie éternelle....* & *l'augmentation de la gloire, qu'il foit anatheme.* Seff. 6. can. 36.

Mais quoi que ceci paffe aujourd'hui pour conftant, il ne laiffe pas d'être vrai qu'il y a dans le fein de l'Eglife Romaine une grande diverfité de fentimens fur cette matiere. La raifon en eft qu'ils ne fe font pas tous une même idée

idée du mérite de condignité, les uns
exigeant pour cela une chofe, les autres une autre.

Les conditions qu'on exige pour
faire un merite de condignité, font
de deux ordres. Les unes font celles
dont tous conviennent, n'y ayant aucun de leurs Docteurs qui n'avoue
quelles font abfolument neceffaires.
Telles font ces fix, que l'action foit
volontaire, qu'elle foit libre, qu'el-
foit bonne, qu'elle foit faite avec le
fecours de la grace, que celui qui la
fait foit juftifié, qu'il foit dans l'état
de voie, c'eft à dire qu'il ne foit
pas encore admis à la poffeffion du
bonheur. Il y en a deux autres, dont
tous ne conviennent pas. L'une qu'il
y ait de l'égalité entre la valeur de
l'action, & la recompenfe. L'autre
que la recompenfe foit accordée, non
par bonté, non par liberalité, mais
par juftice. Comme c'eft de ces deux
conditions que dépend la décifion de
cette queftion, ce font les feules aufquelles je vai m'attacher.

Je commence par la premiére, &
je

je remarque d'abord, qu'il y a fur ce fujet deux fentimens directement oppofez parmi les Docteurs de la communion Romaine. La plûpart foûtiennent que le merite proprement dit fuppofe neceffairement de l'égalité entre la bonté de l'action meritoire & la recompenfe. C'eft-là en particulier la penfée de Bellarmin, de Suarez, de Tanner, & d'Arriaga.

D'autres au contraire foûtiennent que cette égalité n'eft nullement neceffaire. Il fuffit felon eux que Dieu ait promis volontairement à l'homme quelque bien, ou quelque avantage, à condition que cet homme faffe quelque chofe qu'il lui prefcrit, & que celui-ci rempliffe cette condition. Cela feul pofé ils foûtiennent que fon action fera meritoire. Bellarmin attribuë ce fentiment à Scot, & à André de Vega, & Fr. L'Ami à Gregoire de Rimini, & à tous les Scotiftes. Entre les modernes Conink, Contenfon, George de Rhodes, & Platefius le foûtiennent.

Si toute l'Eglife Romaine embraf-
foit

soit ce second sentiment, nous n'aurions point de dispute avec elle sur cette matiere. En effet, nous ne nions, ni que Dieu n'ait promis de recompenser nos bonnes actions, ni qu'il ne soit impossible que cette promesse ne s'exécute. Ainsi si par le merite on n'entendoit aucune autre chose qu'un droit fondé sur la fidelité de Dieu, & sur la verité immuable de ses promesses, on ne pourroit nier que nos œuvres ne soient meritoires.

Mais outre que le gros des Docteurs de la Communion Romaine soûtient formellement le contraire, je ne voi pas comment il est possible d'accorder ce sentiment, ni avec les maximes les plus constantes de leur Ecole, ni avec les décisions les plus nettes de leur Concile.

Car premiérement ceci ruine la distinction du merite de congruité, & de condignité, qui est si universellement reçue parmi eux. En effet, si la promesse de Dieu suffit pour faire un merite de condignité, le merite de condignité n'aura rien de plus que

celui

celui de congruité. La raison en eſt qu'il y a bien des graces, que Dieu promet à de certaines actions, & que ces actions pourtant ne meritent ſelon l'Egliſe Romaine que de cette eſpece de merite, qu'on appelle *de congruité.*

Par exemple, Dieu promet la remiſſion des pechez à la foi. *Qu'il vous ſoit notoire,* diſoit ſaint Paul aux Juifs d'Antioche de Piſidie Act XIII. 38. 39. *que la remiſſion des péchez vous eſt offerte en Ieſus-Chriſt, & que de tout ce dont vous n'avez pû eſtre juſtifiez par la Loi de Moyſe, quiconque croit eſt juſtifié par lui* Il la promet à la converſion. *Amandez-vous, & vous convertiſſez, afin que vos pechez ſoient effacez,* diſoit S. Pierre aux Juifs de Jeruſalem Act. III. 19. Il la promet au pardon des injures. *Si vous quittez aux hommes leurs offenſes,* dit J. Chriſt Matt. VI. 14. *vôtre Pere celeſte vous quitera auſſi les vôtres.*

On avoüe pourtant qu'il eſt impoſſible de meriter la remiſſion des péchez par un merite de condignité & proprement dit. Car outre que tous les Docteurs de l'Egliſe Romaine en conviennent, le

K

Con-

Concile de Trente l'a décidé nettement. Il dit que la justification est purement gratuite, & que, ni la foi, ni les œuvres ne la sauroïent meriter. *Gratis autem justificari ideo dicitur, quia nihil eorum, quæ justificationem præcedunt, sive fides, sive opera, justificationis gratiam promeretur. Si enim gratia est, jam non ex operibus, alioquin, ut idem Apostolus inquit, gratia jam non est gratia.* Seff. VI. cap. 8.

Que deviendra tout ceci, si pour faire un merite de condignité il ne faut autre chose qu'une promeffe? Pourra-t-on nier dans cette suppofition que la foi, que la converfion, que le pardon des injures, ne meritent la remiffion des pechez, puis que Dieu la leur a promife si expreffement, quoi que le Concile de Trente ait défini si formellement le contraire?

C'eft-là, si je ne me trompe, la véritable raifon qui a fait que Mr. de Meaux, qui n'a rien négligé de ce qui lui a paru propre à adoucir les dogmes de fon Eglife, & à leur ôter ce qu'ils ont de plus abfurde & de plus outré,

ne

ne s'est pas arrêté à ceci dans son *Expo-sition de la Foi Catholique*, & a mieux ai-mé chercher l'adoucissement de ce do-gme dans ce qu'il y fait entrer la grace, & le merite de Jesus-Christ. Il a veu sans doute que le sentiment dont je parle est directement opposé aux déci-sions du Concile sur lequel il s'appuie. C'est pourquoi il n'en a rien dit; en quoi il a agi avec plus de bonne foi que Mrs. de Valembourch, qui nous per-mettent d'entendre par le merite, qu'ils veulent que l'on reconnoisse, une action qui n'ait que ces quatre conditions, qu'elle soit 1. l'action libre 2. d'un voyageur 3. justifié, 4. & faite par le secours de la grace. *Val. de meri-tis, cap.* 15.

Pour revenir à nôtre sujet, Arria-ga prouve encore la même chose par une autre consideration, qui ne me paroît pas à mépriser. Il dit que si la promesse de Dieu peut suppléer le dé-faut d'égalité, qui doit se trouver en-tre l'action & la recompense, on ne sauroit donner aucune raison solide de ce que Dieu n'a point promis le Ciel

       aux

aux actions faites par les seules forces de la nature. S'il l'avoit fait, ces actions purement naturelles seroient aussi meritoires que celles que la grace donne le moyen de faire. Puisqu'il ne l'a pas fait, on doit en conclurre que pour faire un veritable merite il faut quelque chose de plus qu'une action, à laquelle une recompense ait été promise.

Enfin, toute l'Eglise Romaine convient que le don de la perseverance est un don purement gratuit, que personne ne peut meriter d'un merite de condignité. Voyez Thom. 1. 2. quæst. 114. art. 9. On croit pourtant que Dieu l'accorde, au moins pour un temps, à tous ceux qui la lui demandent, & en effet il n'y a rien qu'il n'ait promis à la priere. *Toutes les choses,* disoit Jesus-Christ, *que vous demanderez au Pere en mon nom, il vous les accordera.* On meriteroit donc cette grace en la demandant, si pour meriter il ne faloit que remplir une condition attachée à une promesse. Puis que nonobstant cette promesse le don de la perseverance

ce eſt un don purement gratuit, il faut néceſſairement avouer que pour meri-ter il faut quelque choſe de plus que remplir de telles conditions. Il faut faire des actions dont la bonté égale le prix de la recompenſe.

CHAPITRE XXVI.

Qu'il n'y a point d'égalité entre la bonté de nos œuvres, & la recompenſe que Dieu nous promet.

IL paroît par tout ce que je viens de dire que nos œuvres ne ſauroient être meritoires, ſi leur bonté n'égale le prix & la valeur de la recompenſe que Dieu leur accorde. Il ne reſte maintenant qu'à voir ſi on peut dire qu'il y ait une telle égalité entre ces deux choſes. On verra clairement par là ſi ces œuvres ſont meritoires.

Quelques Docteurs de l'Egliſe Romaine l'aſſûrent, comme je l'ai déja remarqué. Mais il eſt étonnant

 qu'ils

qu'ils ayent pû digerer une abſurdi-
té ſi palpable. Premiérement S. Paul
s'eſt expliqué formellement là-deſſus,
diſant aux Romains VIII. que *tout bien
compté les ſouffrances du temps preſent ne ſont
point a contrepeſer avec la gloire qui doit ê-
tre revelée* en la perſonne des enfans de
Dieu.

Mais outre l'autorité de S. Paul, la
choſe me paroit de la derniére évidence.   Car enfin la bonté de nos œuvres eſt tres limitée, comme le reſte
de ce qui eſt en nous, & la recompenſe que Dieu promet à ces œuvres eſt
infinie.   Elle l'eſt même en tout ſens.
C'eſt la poſſeſſion d'un bien infini,
puis que c'eſt la poſſeſſion de Dieu
même, qui veut bien faire le bonheur
des Saints, & être, non ſeulement leur
remunerateur, mais encore leur recompenſe.   *Abraham ne crain point. Je
ſuis ton bouclier, & ta recompenſe tres-gran-
de.* C'eſt d'ailleurs un bonheur éternel, & dont la poſſeſſion & la durée ne
finira point.   Comment aprés cela
peut-on ſoûtenir qu'il y ait quelque
égalité entre ces deux choſes, ſi viſi-
ble-

blement, & si prodigieusement iné-
gales?

On tâche d'éluder la force de cette
preuve par deux réponses contraires.
Les uns disent, qu'à la verité il n'y a
point d'égalité, ni de proportion entre nos œuvres, & le bonheur que
Dieu nous promet, si l'on s'arreste à
ce que nos œuvres sont en elles mêmes, & qu'elles tirent de nos seules
forces, mais qu'il en est autrement si
on considere tout le prix, & toute la
dignité qui leur vient, d'un côté de
la grace surnaturelle, qui en est le
principe, & de l'autre de la qualité
d'enfans de Dieu, que nous avons
l'honneur de porter.

Les autres disent qu'à la verité l'excellence de nos œuvres est assez bornée, mais qu'aussi le bonheur que Dieu
leur promet n'est pas infini. Ils disent qu'encore que ce bonheur consiste en la possession de Dieu, qui est
un bien infini, il est fini en lui même,
Dieu ne pouvant être possedé que
d'une maniére proportionnée à nôtre
nature, qui est essentiellement limitée.　　　　　K 4　　　　Mais

Mais ces deux réponses sont également-
ment frivoles. Car pour la premiére
je ne conviens pas que la dignité de
l'ouvrier augmente toûjours le prix
de l'ouvrage. Qui voudroit dire,
par exemple, qu'un tableau fait par un
Prince vaut davantage qu'un autre tableau d'une égale bonté, fait par un
Peintre ordinaire?

D'ailleurs, si un enfant de Dieu, &
un pecheur faisoient deux actions également bonnes, & également conformes à la Loi de Dieu, je soûtiens
que celle du premier ne seroit pas plus
meritoire que celle du second. C'est
ce qu'il est aisé de prouver par une
consideration, que j'ai déja touchée
dans mon Traité de la foi. C'est que
l'action de l'enfant de Dieu ne seroit
pas plus louable que celle du pecheur.
Au contraire celle du pecheur seroit
plus louable que celle de l'enfant de
Dieu. La raison en est que plus on est
aidé à faire une action, moins on est
louable de l'avoir faite. Ainsi l'enfant
de Dieu étant plus aidé que le pécheur, puis qu'il a tout le secours de
la

la grace que l'autre n'a pas, il est évident qu'il est moins louable.

Mais voici quelque chose de plus pressant. Je demande si cette dignité, qu'on veut que la grace habituelle, & là qualité d'enfant de Dieu, ajoûtent à l'excellence & à la bonté naturelle de nos bonnes œuvres, est une dignité finie, ou infinie. Quelque parti que l'on prenne, on se jette dans des embarras, d'où l'on ne sauroit se tirer.

Si on dit que cette dignité est finie, ma preuve subsiste dans toute sa force. Dans cette supposition il est vrai de dire qu'il n'y a aucune proportion entre la bonté de nos œuvres, à quelque égard qu'on les considere, & la recompense que Dieu leur promet. Car quelle proportion peut avoir le fini avec l'infini?

Si on dit que cette dignité est infinie, on dit une chose absurde, & contraire à la propre creance de la communion Romaine. Car premiérement il s'ensuivra de là qu'un simple homme, nullement uni à la Divinité, aura

K 5 pû

pû rachetter tout le genre humain.
En effet, il ne falloit pour cela qu'offrir à Dieu un sacrifice d'un prix infini.   Et c'est ce que le dernier des
hommes pourra faire dans cette supposition avec le secours de la grace.
Ainsi ce sera sans aucune nécessité que
le Fils de Dieu se sera fait homme, &
aura enduré la mort.

D'ailleurs, dans cette supposition
toutes les bonnes œuvres qu'un enfant
de Dieu viendra à faire avec le secours
de la grace de quelque nature qu'elles
soient d'ailleurs, & qu'elle qu'en soit
la facilité, ou la difficulté, seront également meritoires. En effet, elles seront toutés d'une valeur infinie, &
chacun comprend assez de soi-même
qu'il est impossible qu'il y ait aucune
inégalité entre deux sujets infinis,
puisque si l'un excedoit l'autre, celui qui seroit excedé, finiroit à l'endroit où il commenceroit de l'être.
Ainsi toutes les bonnes œuvres seroient également bonnes. Elles ne
cederoient même en rien à celles de
Jesus-Christ, ce qui paroîtra sans doute

te insupportable à tous les Chrétiens.

Ainsi cette premiére réponse ne peut subsister. La seconde n'est pas meilleure. Je veux en effet que châque moment de la possession du bonheur soit d'un prix fini & limité. Qui peut douter que la possession éternelle de ce bonheur ne soit d'un prix infini, puis qu'elle ne doit être jamais terminée? En effet, il est sans difficulté que la durée d'un bien en augmente le prix à proportion, n'y ayant personne, qui ayant le choix de deux biens égaux en tout le reste, mais inégaux dans leur durée, ne prefere le plus durable à celui qui l'est moins. Ainsi la possession du bonheur ne devant jamais finir, il est clair qu'elle est d'une valeur infinie.

Il est pourtant vrai que Dieu promet la durée, & la continuation éternelle du bonheur aux observateurs de ses loix. C'est ce qui n'est pas contesté. Qui peut aprés cela douter que ce ne soit là une recompense gratuite?

J'ajoûte que je ne sai si on peut dire qu'il n'y a rien d'infini dans le bon-

K 6

heur

heur des Saints. Constamment ils pof-
sedent Dieu, quoi qu'ils ne le possedent pas parfaitement. Comme donc
il n'y a rien en Dieu, qui ne soit d'un
prix infini, je crains qu'il y ait de la
temerité à soûtenir qu'il n'y a aucun
sens où l'on puisse dire que la felicité
de ceux qui le possedent est infinie.

Enfin, je dis que quand même le
bonheur des Saints seroit fini & bor-
né en tout sens, il seroit toûjours de
beaucoup plus grand que la bonté de
nos œuvres. C'est ce que deux choses font voir clairement. La premiére que la bonté de nos œuvres est trés-
défectueuse, & trés-imparfaite,
comme on l'a veu dans l'un des
chapitres précedens. Au contraire
le bonheur des Saints est parfait &
achevé, remplissant absolument leurs
souhaits, & les reduisant à une heu-
reuse impuissance d'en faire aucun
autre.

Sans cela même la bonté de nos
œuvres est trés-bornée. La raison
en est que la foiblesse est une imper-
fec-

fection, qui ne nous abandonne jamais pendant cette vie. Ainfi il ne faut pas attendre de nous de fort grands efforts. La gloire au contraire eft un bien fouverainement excellent, & un effet admirable de la bonté & de la liberalité de Dieu envers nous.

Tout cela fait que la bonté de nos œuvres n'a rien qui approche de l'excellence des biens que Dieu nous promet. C'eft ce qui fait dire à S. Auguftin que le repos éternel des Saints ne feroit pas cher s'il falloit l'aquerir par un travail éternel. *Æterno labore digna eft æterna quies comparari. Aug. in Pfal.* 93. Saint Fulgence de même foûtient que la grandeur de la recompenfe que Dieu nous accorde excede infiniment le merite de nos actions. *Vita æterna gratia non injuftè dicitur, quia non folum donis fuis Deus fua dona reddit, fed quia tantum ibi etiam gratia divinæ retributionis exuberat, ut incomparabiliter atque ineffabiliter omne meritum quantumvis bonæ, & ex Deo datæ humanæ voluntatis,*

atque

atque operationis excedat. Fulg. ad Monim. lib. I. cap. 10. Enfin Gregoire I. foûtient qu'il n'y a point d'œuvre, ni de travail, qui puiſſe entrer en comparaiſon avec la vie éternelle. *Iſti namque beatæ vitæ, in qua cum Deo, & de Deo vivitur, nullus poteſt æquari labor, nulla opera comparari Greg. in Pſal.* 7. *pænit.* Il n'eſt pas même juſqu'à Bellarmin qui ne reconnoiſſe cette verité. *Negari non poteſt quin beatitudo longè excellat actioni meritoriæ. Bell. de juſtif. lib.* 5. *cap.* 18.

C'eſt donc une verité certaine & inconteſtable que la bonté de nos œuvres n'approche point de l'excellence de la gloire que Dieu leur promet. Ainſi n'y ayant point d'égalité entre le travail & la recompenſe, il ne ſauroit y avoir de merite proprement dit.

CHAPITRE XXVII.

Si le droit que nos bonnes œuvres nous don-
nent sur la vie éternelle est un droit qui
tire son origine de la justice.

JE ne m'arrêterai pas, davantage
sur la premiére condition du merite proprement dit. Je passe à
la seconde, qui consiste dans la nature du droit qu'un tel merite donne sur
la recompense. Ce droit peut être
fondé sur trois choses. Premiérement sur la fidelité de Dieu, & sur
l'impossibilité absoluë qu'il y a que ce
qu'il a promis ne s'exécute. En deuxiéme lieu sur cette espece de justice,
qu'on appelle *distributive.* En troisiéme lieu sur cette autre espece de justice, qu'on nomme *commutative* & qui
rend à chacun ce qui lui appartient
veritablement.

Il y a sur cela deux choses qui me
paroissent incontestables. La pre-
mie-

miere que si par une action meritoire,
on entendoit une action qui donne
quelque droit à la recompense, mais
un droit fondé uniquement sur la fidelité de Dieu, & sur la verité immuable de ses promesses, personne ne pourroit nier que nos bonnes œuvres ne
meritassent.　Car qui doute, ni que
Dieu ne leur ait promis une recompense, ni que la fidelité de Dieu ne
l'engage à tenir ce qu'il a promis?

D'un autre côté, il est certain que
lors que Dieu recompense nos bonnes
œuvres, ce n'est pas en vertu de cette
justice, qu'on nomme *commutative*.
C'est ce que plusieurs choses font voir
clairement.

I. Il est constant que la justice
commutative observe l'égalité Ari-
thmétique, comme je le ferai voir
tout à l'heure. Par consequent si Dieu
en recompensant nos œuvres suivoit
les regles de cette justice, il ne nous
donneroit qu'une recompense égale à
la bonté de nos œuvres. C'est-là pourtant ce qu'on ne peut dire qu'il fasse,
comme je viens de le faire voir dans le
cha-

chapitre immédiatement precedent.

II. Afin que Dieu pût obferver les loix de la juftice commutative à l'égard de l'homme, il faudroit qu'il pût recevoir quelque chofe de l'homme, que l'homme fût en état de lui donner. Mais c'eft ce qui eft impoffible, l'homme n'ayant rien, & ne pouvant, ni rien avoir, ni rien faire, fur quoi Dieu n'ait incomparablement plus de droit que l'homme. C'eft ce que S. Paul fait entendre par ces paroles, *Qui eft ce qui lui a donné le premier, & il lui fera rendu?*

III. La même chofe paroît de ce que c'eft Dieu qui donne à l'homme ce que l'homme peut offrir à Dieu, les bonnes œuvres que nous faifons étant des effets & des productions de la grace. Ainfi ces œuvres bien loin de nous donner quelque droit fur Dieu, en donnent à Dieu un inconteftable fur nous.

IV. Ces deux dernieres raifons font de Contenfon. J'y en ajoûte une autre, qui ne me paroît pas moins forte. C'eft que quand même nos œuvres acquerroient quelque droit, elles ne l'acquer-

querroient pas à nous, mais à Dieu.
La raifon en eft qu'étant nous mêmes
à Dieu, tout ce que nous acquerons,
nous l'acquerons à lui, comme tout ce
qu'un efclave peut gagner par fon travail, n'eft pas à lui, mais à fon maître.

Tout ce que je viens de dire, eft affez
aifé. Mais il n'en eft pas de même de
ce qui fuit. Il n'eft pas auffi facile de
dire fi nos bonnes œuvres ne nous
donnent pas fur la recompenfe un
droit qui naiffe de la juftice diftributive, comme le pretendent plufieurs
Docteurs de la Communion Romaine.

Cette difficulté vient de ce qu'on
ne fait pas bien diftinctement ce que
c'eft que la juftice diftributive. Les
Auteurs qui en parlent ne s'expliquent
pas là deffus affez nettement. Ceux
qui s'expliquent avec le moins de con-
fufion s'arrêtent à deux principaux
caracteres.

Le premier, qu'au lieu que la juftice
commutative établit par tout une égalité Arithmetique, la diftribution ne
pofe qu'une égalité Geometrique.
Voi-

Voici ce qu’on entend par ces expreffions obfcures & enigmatiques. L’é-
galité Arithmetique eft l’égalité des
chofes, & l’égalité Geometrique eft
l’égalité des rapports. Eclairciffons la
chofe par un exemple.

Un débiteur accablé de debtes, &
& ne pouvant fatisfaire fes créanciers,
traite avec eux à cinquante de perte
pour cent, en forte que chacun de ces
créanciers perd juftement la moitié de
ce qui lui eft dû. On ne voit pas dans
ce Traité l’égalité Arithmetique, puis
que pas un des créanciers ne reçoit
tout ce qui lui eft dû. Mais on y voit
l’égalité Geometrique, parce que chacun reçoit la moitié, & que cinq cens,
par exemple, font auffi bien la moitié
de mille, que mille celle de deux mille.

Les Theologiens dont je parle,
du nombre defquels eft Contenfon,
ne font confifter la juftice diftributive qu’en cela feul, & fur ce fondement ils foûtiennent que Dieu recom-
penfant nos bonnes œuvres, le fait felon les regles de la juftice diftributive,

ve, parce qu'il observe l'égalité Geometrique, recompensant chacun à proportion des bonnes œuvres qu'il a faites, en sorte que la recompense de celui qui en a fait cent est le double plus grande que celle d'un autre, qui n'en a fait que cinquante.

Ainsi suivant ces Theologiens une action est meritoire, lors que la recompense lui est renduë selon les loix de la justice distributive, & selon ces mêmes Theologiens la justice distributive est celle qui établit une simple égalité Geometrique, recompensant plus largement ceux qui ont plus travaillé, & donnant avec plus de reserve & de retenue à ceux qui ont fait moins de bonnes œuvres.

Si on donne ce sens à ces deux termes, comme il est certain qu'on le peut, puis que les définitions des termes sont arbitraires, rien ne nous empêchera d'avouer que les bonnes œuvres sont meritoires. En effet, nous ne nions, ni que Dieu ne les recompense, ni qu'en les recompensant il n'observe l'égalité Geometrique, don-

donnant plus à ceux qui ont fait plus, & moins à ceux qui ont fait moins.

Je sai qu'il y a parmi nous quelques Theologiens qui tiennent que la felicité des Saints sera absolument égale. Mais outre que leur nombre est assez petit, ils ne sont entrés dans ce sentiment, que parce qu'ils n'ont pas bien compris le sens de la parabole des ouvriers, que le pere de famille envoya dans sa vigne pour y travailler. Ils ont creu que cette parabole marque ce qui arrivera au dernier jour, & ils en ont conclu que tous seront recompensez également.

Mais il n'y a pas long-temps que d'autres Savans ont fait voir, qu'il s'agit là, non du dernier jugement, mais uniquement de la vocation des Gentils, qui a fait voir la verité de la conclusion de la parabole, qui en renferme le sens, & en découvre le but, *Les premiers seront derniers, & les derniers seront premiers.* D'ailleurs, le contraire paroît clairement, & par la parabole des talens, & par ce que dit S. Paul 1 Cor. XV.

Au-

Autre est la gloire du Soleil, autre la gloire de la Lune, autre la gloire des étoiles, car une étoile est differente de l'autre étoile en gloire. Ainsi sera la résurrection des morts.

Ainsi je croi qu'il peut passer pour constant, que Dieu observe dans ses recompenses l'égalité Geometrique. Par consequent si on n'entend que cela seul lors qu'on dit qu'en recompensant il exerce cette justice, qu'on appelle distributive, on ne dit rien qui puisse être contesté raisonnablement.

Le second caractere, c'est qu'au lieu que la justice commutative suppose un droit étroit, & proprement dit, la distributive ne suppose qu'un droit imparfait. Mais lors qu'on demande ce que c'est qu'un droit imparfait, on ne dit rien que de fort confus. Ce que j'y entrevois de plus distinct, c'est que ce droit imparfait naît d'ordinaire de l'une ou de l'autre de ces deux choses. L'une est le droit étroit d'un tiers avec lequel l'imparfait a quelque liaison. L'autre est la reconnoissance.

Voici un exemple du premier. Il importe au public que certaines dignitez,

tez, Civiles, & Ecclefiaftiques, foient poffedées par ceux qui font le mieux en état de s'en aquitter. Ceux qui nomment à ces dignitez, n'ayant pour guide que leur intérêt ou leur paffion, les donnent à des perfonnes incapables de s'en aquitter, & les refufent à ceux qui en pourroient faire un meilleur ufage. Ils font par là un double tort. L'un au public, l'autre aux particuliers, à qui ils devroient donner ces emplois. Par le premier ils péchent contre la juftice commutative. Par le fecond ils péchent contre la juftice diftributive, & n'ont point d'égard à un droit imparfait, qui n'eft qu'une fuite indirecte d'un droit étroit, & parfait, que le public a d'avoir des perfonnes, qui s'aquittent bien des emplois dont l'exercice le concerne.

A l'égard du fecond, imaginons-nous un maître, à qui un valet rend un fervice important dans une occafion extraordinaire, mais qui foit tel que le maître ne fe foit pas obligé à l'en recompenfer. Je dis que ce maître n'eft pas tenu de le faire, par les loix de la
juftice

justice commutative, mais il l'est par celles de la reconnoissance. Au reste la reconnoissance n'est pas d'un droit étroit. C'est pourquoi il n'y a point de Tribunal dans le monde, devant lequel on fasse appeller les ingrats, ni qui punisse ceux qui sont convaincus de l'être : Et si le serviteur dont nous parlons faisoit un procés à son maître pour lui demander la recompense qu'il a meritée, il n'y a point de doute qu'il ne fût debouté de sa prétention.

Mais il est clair que ni l'une ni l'autre de ces deux choses ne peut avoir lieu en cette occasion. Non la premiere, parce que comme nous n'avons point de droit sur Dieu, je parle d'un droit étroit & proprement dit, il n'y a point aussi de tiers qui en ait quelqu'un. Il est bien vray que Dieu est le Directeur & le Monarque du monde, & que cette qualité lui donne une autorité supréme sur ce monde, qui est son Empire. Mais elle ne donne aucun droit au monde sur Dieu. Il pourroit le détruire & l'aneantir

sans

fans intéresser sa justice. Par conséquent il n'y a point de Tiers dont le
droit proprement dit fonde un droit
indirect que nous ayons sur la recompenfe.

Je dis la même chose de la reconnoiffance. Il est inconcevable que Dieu en
doive aucune à qui que ce soit. Car
outre qu'il est hors d'état de rien recevoir, il a, comme je l'ai déja dit, un
droit abfolu, & inalienable, fur nos
perfonnes, fur nos fervices, & generalement fur tout ce que nous pouvons
faire. Ainfi il ne peut devoir aucune
reconnoiffance à qui que ce foit.

La reconnoiffance n'a lieu qu'à l'é-
gard des fervices, aufquels on n'étoit
point obligé. Si ces fervices étoient
dûs d'ailleurs, fur tout s'ils l'é-
toient en juftice, on ne merite aucune reconnoiffance lors qu'on les
rend, comme un débiteur ne merite rien auprés de fon créancier,
lors qu'il lui paye ce qu'il lui doit.
Un efclave de même ne merite aucune reconnoiffance en rendant à fon
maître cette forte de fervices communs

& ordinaire, aufquels fa fervitude
l'engage. Ainfi ce que nous fommes
à l'égard de Dieu nous mettant dans
une obligation étroite & indifpenfa-
ble de lui rendre tous les fervices
dont nous fommes capables, il eft
clair qu'en les lui rendant nous ne faifons rien qui l'oblige à aucune reconnoiffance envers nous.

C'étoit-là vifiblement la penfée du
Sauveur du monde, lors qu'il difoit
aux Apôtres, *Qui eft celui d'entre vous,
qui ait un ferviteur labourant ou paiffant le
bétail, qui le voyant retourner des champs,
lui dife, Avance toi incontinent, & te
mets a table, & ne lui dife plûtôt, Ap-
prefte moi à fouper, & te trouffe, & me
fers, jufqu'a ce que j'aye mangé & beu, &
aprés cela tu mangeras & boiras? Sait-il gré
à ce ferviteur la de ce qu'il a fait ce qui luy
avoit été commandé? Je ne le penfe pas. Vous
auffi femblablement, quand vous aurez fait
teutes les chofes, qui vous font commandées,
dites, Nous fommes des ferviteurs inutiles,
dautant que ce que nous étions tenus de faire nous l'avons fait.*

Je conclus de tout ce que je viens de
di-

dire qu'il n'y a aucune espece de justice qui oblige Dieu à nous recompenser, & qu'ainsi il est impossible qu'aucune de nos œuvres soit meritoire,

CHAPITRE XXVIII.

Où l'on répond aux objections.

JE ne m'arrêteray pas davantage à prouver cette verité. Les livres de nos Theologiens sont remplis des preuves qu'ils en ont données. Je résoudrai seulement en peu de mots les plus specieuses des objections qu'on nous fait.

I. La plus frappante de toutes est prise du chapitre IV. de l'Epître aux Romains, où l'Apôtre dit que la recompense n'est pas imputée comme une grace à celui qui fait les œuvres, mais comme une chose deuë, ce qui semble induire que tous ceux qui font de ces œuvres dont l'Apôtre parle, méritent la recompense que Dieu leur accorde.

L 2   Tous

Tous nos Théologiens répondent que ceci bien loin de favoriser les pretentions de nos Adversaires, les renverse, parce que S. Paul ne le dit que pour faire voir que nous ne sommes pas sauvez par cette voie, qu'il marque par ces paroles, mais par un autre, qu'il indique au verset suivant. Voici en effet le raisonnement de cet Apôtre dans toute son étendue. *Que dit l'Ecriture ? Abraham a crû à Dieu, & il lui a été imputé à justice. Or à celui qui fait les œuvres le salaire ne lui est point imputé comme une grace, mais comme une chose dûë. Mais à celui qui ne fait pas les œuvres, mais qui croit en celui qui justifie le méchant, sa foi lui est imputée à justice.*

Le sens de saint Paul est visiblement celui-ci. Il suppose qu'on ne peut être, ni sauvé, ni justifié, que par l'une, ou l'autre de ces deux voyes, par la foi, ou par les œuvres. Il remarque qu'il y a cette différence entre ces deux voyes, que ce qu'on obtient par la premiére est accordé comme une grace, au lieu que ce qu'on qu'on gagne par la seconde est rendu comme une chose dûë. Ainsi l'Ecriture disant qu'Abraham a été justifié par la foi, elle fait entendre par là, qu'il l'a été par la grace, & par conséquent qu'il ne l'a pas été par les œuvres. Et comme il ne produit cet exemple que pour faire entendre ce qui arrive à chacun de nous, bien loin d'insinuer que le salut nous soit accordé comme une chose dûë, il fait entendre fort nettement le contraire.

Ce que nos Théologiens disent est tres-veritable, mais n'épuise pas la difficulté. En effet, S. Paul dit que si quelqu'un faisoit les œuvres, c'est à dire s'il accomplissoit parfaitement la loi, la recompense que Dieu lui en donneroit, ne seroit pas une grace, mais une chose dûë. J'avouë au reste que ceci ne prouve pas que nous, qui n'accomplissons pas parfaitement cette loi, & qui par conséquent ne faisons pas les œuvres dont l'Apôtre parle, puissions meriter le Ciel. Mais tout ceci semble induire

qu'on

qu'on le meriteroit , si on accom-
plissoit parfaitement cette loi. Cependant ceci ne peut être vrai sans renverser la plûpart des preuves , dont nous nous sommes servis dans les chapitres precedens , & qui ne peuvent être solides , s'il n'est impossible de meriter le Ciel , même en accomplissant la Loi.

Pour lever donc la difficulté , il faut ajoûter deux choses. La premiére qu'il y a deux sortes de grace , chacune desquelles exclut le merite. La premiére est une grace simple , qui consiste à donner ce qu'on ne doit point , & qui n'a point été merité. La seconde est la grace Evangelique , qui consiste à donner le contraire de ce qu'on a merité , accordant le Ciel , & sa gloire à ceux qui avoient merité l'enfer. Lors que S. Paul dit que la recompense n'est pas imputée pour grace à ceux qui font les œuvres , son sens est que ce n'est pas une grace Evangelique , ce qui n'empêche pas que ce ne soit une grace simple.

La seconde chose , qu'il faut ajoûter,

ter, c'eſt que les choſes promiſes ſont
deuës en quelque maniere, non en
juſtice, ſoit diſtributive, ſoit commutative, mais ſimplement en vertu
de la fidelité de Dieu, & de la verité
immuable de ſes promeſſes. C'eſt en
ce ſens que S. Paul aſſûre que la recompenſe de celui qui feroit les œuvres ſeroit une recompenſe deuë, non
une recompenſe gratuite. Ainſi cette
objection, qui paroiſſoit tout d'un
coup aſſez embarraſſante, n'a rien de
convaincant.

II. La ſeconde eſt priſe de ce que
S. Paul dit à Timothée, *j'ai combattu
le bon combat, j'ai achevé la courſe, j'ay
gardé la foi. Quant au reſte la couronne
de juſtice m'eſt reſervée, laquelle le Seigneur, juſte Juge me rendra en cette journée-
là.* II. Tim. IV. 7. 8. On remarque
deux choſes dans ce paſſage. L'une
que S. Paul appelle la couronne qui
lui eſt reſervée, une *couronne de juſtice*.
L'autre qu'il dit que c'eſt *le juſte Juge*
qui la lui rendra. Et on conclut de
l'une & de l'autre de ces deux remarques, que S. Paul meritoit ce qu'il at-
tendoit.　　　L 4　　　Mais

Mais ni l'une, ni l'autre de ces remarques ne prouve rien. Non la première, parce que si l'on consulte le Grec on verra que S. Paul n'appelle pas la couronne dont il parle, *une couronne de justice*, pour dire que c'est la justice qui la rendra, mais *la couronne de la justice*, pour dire qu'elle sera renduë à la justice, c'est à dire à la pieté, & à la sainteté de ceux qui comme S. Paul auront combattu le bon combat, & gardé la foi. Ainsi tout ce qu'on peut conclurre d'ici, c'est que Dieu couronne nos bonnes œuvres, & si on veut, qu'il les recompense. Mais il ne s'ensuit pas de là que cette recompense soit dûë en justice.

Pour ce qui regarde l'autre remarque, la preuve qu'on en tire n'est pas meilleure. La raison en est que la justice dans le langage de l'Ecriture ne signifie pas seulement cette vertu rigoureuse, qui rend à chacun le sien. Ce mot désigne aussi souvent la bonté, la douceur, & la misericorde. C'est ce qui paroît par un trés-grand nombre d'exemples, que nos Theologiens

ont

ont ramassés, mais sur tout par deux,
qui sont les seuls que je produirai. Le
premier est celui de I. Jean. I. 9. où il
est dit que si nous confessons à Dieu
nos pechez, *il est fidele & juste pour nous
les pardonner.* On convient que le pardon des pechez ne peut être merité.
Ainsi il faut necessairement que la justice dont parle S. Jean, soit la bonté
& la misericorde. L'autre exemple est
celui de Matth. I. 19. où il est dit que
Joseph s'étant apperçu de la grosses-
se de la sainte Vierge, & ne voulant
pas la diffamer, *parce qu'il étoit juste,* il
resolut de la répudier secretement. E-
tre juste en cet endroit, c'est avoir de
la bonté & de la douceur.

Il y en a cent autres, où ce terme se
prend en ce sens. Ainsi rien n'est
plus naturel que de le lui donner en
cet endroit, & de dire que ce juste
Juge qui doit couronner S. Paul est
un Juge bon, doux, misericordieux,
& clement, ce qui n'a rien de contraire à nôtre créance.

On peut répondre encore d'une autre
manière. On peut dire que dans tout ce

passa-

passage S. Paul fait visiblement allu-
sion aux Jeux de la Grece. C'est ce
que tous les Interprétes ont remarqué.
Comme donc dans ces Jeux il y avoit
des Juges qui couronnoient les vainqueurs, & qui ne le faisoient pas toûjours d'une maniere conforme à la verité & à la justice, S. Paul par ce mot
fait entendre que Jesus-Christ, qui
est le Juge de nos combats, n'en usera
pas de la sorte, qu'il n'y aura point
d'acception des personnes dans son jugement, & qu'il traitera chacun selon ses œuvres, ne couronnant aucun
autre que les vainqueurs, ce qui n'emporte nullement que ceux qu'il cou-
ronnera aient merité cet honneur.

III. On objecte encore ce que saint
Paul dit II. Thess. I. 6. 7. *Veu que c'est
une chose juste envers Dieu qu'il rende af-
fliction à ceux qui vous affligent, & à vous
qui étes affligez relâche avec nous.* Cet
Apôtre dit qu'il est juste envers Dieu
qu'il nous donne du relâche aprés nos
souffrances. Et parce qu'on pourroit dire que dans l'Ecriture la justice
est tantôt la fidelité, tantôt la bonté

& la

& la mifericorde, on replique que ce terme ne peut avoir ce fens en cet endroit particulier, parce que cette juftice dont parle S. Paul, eft précifement la même qui punit les perfecuteurs, comme il paroît de ce que faint Paul ne repete pas ce mot, mais dit fimplement que c'eft une chofe jufte envers Dieu, d'un côté qu'il afflige nos perfecuteurs, & de l'autre qu'il nous donne du relâche. Ainfi n'étant pas poffible qu'un mot ambigu, & non repeté, ait à la fois deux fignifications differentes, & que d'ailleurs la juftice qui punit eft une juftice proprement dite, il femble que celle qui donne du relâche doive être de même nature.

Pour répondre à cette objeCtion, qui eft affez fpecieufe, je dis en un mot qu'il eft infiniment remarquable que S. Paul ne dit pas que c'eft une chofe jufte envers Dieu qu'il nous recompenfe, ou qu'il nous couronne, mais feulement qu'il nous donne du relâche, c'eft à dire qu'il faffe ceffer nos fouffrances. Il ne parle pas même de toute forte de fouffrances , mais feulement de celles que la profeſſion de la verité nous attire. C'eſt de celles-ci feules qu'il s'agit dans cet endroit.

Cela pofé, il n'y a rien de contraire à nôtre créance à foûtenir que la juſtice de Dieu demande que nos fouffrances finiſſent. La raifon en eſt que fouffrant pour fa caufe c'eſt trés-injuſtement que nous fouffrons. Il eſt donc de fa juſtice de faire ceſſer ces fouffrances, ce qui n'a point de lieu à l'égard des afflictions que Dieu nous envoye pour nous châtier. En un mot, ceci revient à ce qu'on dit ordinairement parmi nous, qu'il ne faut pas confondre la juſtice de la caufe que l'on foûtient avec celle de la perfonne qui la foûtient.

IV. On fait encore valoir ce que l'Ecriture dit en quelques endroits, que les enfans de Dieu font dignes de la vie éternelle. Mais cette expreſſion n'emporte pas néceſſairement un merite propiement dit. C'eſt ce que plufieurs confiderations font voir avec évidence.   I. Lors

I. Lors que plusieurs concurrens se presentent pour briguer une même charge, rien n'est plus ordinaire que de dire qu'ils en sont tous dignes, quoi qu'on reconnoisse qu'il y en a un plus digne que les autres. Cette dignité qu'on attribuë à tous n'emporte aucun droit fondé sur la justice, soit distributive, soit commutative. La commutative n'a pas lieu en cette occasion, & la distributive veut qu'on prefere le plus digne. Cette expression donc n'emporte pas necessairement un merite proprement dit. Elle fait seulement entendre qu'on a les qualitez nécessaires pour obtenir ce que l'on demande.

II. Il n'y a point de doute que lors qu'il est dit dans l'Apocalypse que les bienheureux sont dignes de porter des robes blanches, ceci ne s'entende des enfans baptisez, de même que des adultes. Il est pourtant vrai que les enfans ne meritent rien. Ainsi la dignité n'emporte pas necessairement le merite.

III. Lors que J. C. envoya ses Apôtres

tres pour prêcher l'Evangile dans la Galilée, il leur ordonna qu'entrant dans châque ville ils s'informaffent s'il y avoit quelqu'un qui fût digne de les recevoir. Sur quoi Contzen Jefuite Allemand remarque fort judicieufement, ce me femble, qu'il eft impoffible que Jefus Chrift entende une dignité interne, telle qu'eft celle du merite proprement dit. Car, dit-il, qui auroit pû inftruire les Apôtres fur un tel fujet? Il entend feulement des gens, dont la conduite externe fût honnête & édifiante.

Tout cela fait voir que cette expreffion n'emporte pas néceffairement un merite proprement dit, & qu'ainfi la preuve qu'on en tire n'eft pas convaincante.

CHA-

CHAPITRE XXIX.
Si nos bonnes œuvres satisfont à la justice de Dieu pour la peine temporelle deuë à nos pechez.

CE que je viens de dire suffit pour voir à quel point l'Eglise Romaine se trompe, lors qu'elle assûre que nos bonnes œuvres meritent le Ciel. Elle ne s'écarte pas moins de la verité lors qu'elle soûtient que c'est là l'un des moyens de satisfaire à la justice de Dieu pour l'outrage qu'on lui a fait par le crime. Il est vrai qu'elle ne le pretend pas absolument , & sans distinction. Elle dit qu'il y a deux choses dans le peché, la coulpe, & l'obligation à la peine. La coulpe est apparemment l'offense que le peché fait à Dieu. Je dis *apparemment*, parce qu'il est assez difficile de dire precisement , & avec certitude, ce qu'on entend par cette expression. La peine, à laquelle le peché oblige, est double, l'éternelle , qu'on doit souf-

souffrir dans l'enfer, & la temporelle, qu'on souffre à ce qu'on nous dit,
en partie sur la terre, & pendant cette vie, en partie dans le Purgatoire,
& aprés la mort.

Cela posé de la sorte, on dit que ni
nos souffrances, ni nos bonnes œuvres, ni rien qui soit purement humain, ne sauroit satisfaire à la justice
de Dieu, soit pour la coulpe, soit
pour la peine éternelle. Mais on pretend que nos bonnes œuvres, sur tout
celles qu'on nomme *penales*, satisfont
pour la peine temporelle dûë à nos
pechez, & garantissent de ce qu'on
devroit souffrir sans cela, soit pendant
la vie, soit aprés la mort dans le Purgatoire.

On se fonde principalement sur ce
que le Prophéte Daniel dit au Roi,
Nébucadnetzar Dan. IV. 27. *Rachette
tes pechez par l'aumône, & tes iniquitez en
faisant miséricorde aux povres.* Mais on
peut dire de cette objection, qu'elle ne
prouve rien, parce qu'elle prouve
trop. En effet, ou elle ne prouve rien,
ou elle prouve que les bonnes œuvres

peu-

peuvent satisfaire, & pour la coulpe,
& pour la peine éternelle, aussi bien
que pour la temporelle. Car enfin à qui
pourroit-on persuader que le Prophéte
se soit contenté d'apprendre à ce Prince ce qu'il devoit faire pour se mettre à
couvert des peines temporelles, qu'on
souffre dans le Purgatoire, & qu'il ne
lui ait rien dit pour lui apprendre à pre-
venir celles de l'enfer. Quand même
on avouëroit qu'il regardoit aux premieres, qui pourroit douter qu'il n'eût
principalement en veue les secondes?
Cependant si on l'avoue, & si on pretend d'ailleurs que la redemption dont
parle Daniel, est une veritable satis-
faction, il faudra necessairement soûtenir que l'aumône peut satisfaire,
même pour la peine éternelle, ce
que nos Adversaires ne prétendent
point.

Il faut donc entendre autrement ce
que le Prophéte dit dans ce passage.
Son sens, si je ne me trompe, est que
Nébucadnetzar devoit tâcher de faire
sa paix avec Dieu, & se mettre à couvert de ses jugemens par une sincere

eere & veritable converſion, laquelle devoit changer de telle ſorte ſon
cœur, que ce changement parût au
dehors par toute la ſuite de ces actions,
& par la pratique conſtante de toute
ſorte de bonnes œuvres, telles que ſont
en particulier les aumônes. En un
mot, l'avis que le Prophéte donne à
Nebucadnezar eſt au fond le même
que S. Jean Baptiſte donnoit aux Scri-
bes & aux Phariſiens qui écoutoient
ſa prédication, lors qu'il leur diſoit,
Faites des fruits convenables à la repentan-
ce.

On nous oppoſe en deuxiéme lieu
l'exemple de David, qui ne laiſſe pas
d'être châtié de ſon peché, aprés même que Dieu le lui eût pardonné. Mais
rien n'eſt plus aiſé que de répondre à
cette objection. Nous ne nions pas
que Dieu ne châtie ſes enfans lors même qu'il leur pardonne. Nous nions
ſeulement qu'il les puniſſe aprés leur
avoir pardonné. Ces deux choſes au
reſte ſont tres-differentes l'une de l'autre. La punition eſt un acte de la juſtice, & le châtiment eſt un effet de l'a-
mour.

mour. Dieu ne châtie ceux qui ont peché que pour les corriger, mais il les punit pour d'autres raisons, comme il paroît de ce qu'il punit ceux-là mêmes, à qui il refuse l'accés de sa grace, comme les Démons & les damnez. Ainsi quoique Dieu ait châtié David, il ne s'enfuit nullement qu'il l'ait puni.

On fait encore valoir ce que saint Paul dit aux Colossiens I. 24. *J'accomplis le reste des afflictions de Jesus Christ en ma chair pour son corps, qui est l'Eglise.* On presse deux choses dans ces paroles, l'une ce que S. Paul dit qu'il manque quelque chose aux souffrances de Jesus Christ, disant qu'il y a quelque reste à y ajoûter, l'autre que ce que S. Paul souffre, il le souffre pour l'Eglise, ce qui semble induire que ce qu'il souffre est imputé à l'Eglise, & qu'ainsi il satisfait pour l'Eglise. Mais ni l'une, ni l'autre de ces deux choses ne prouve rien contre nous.

Non la premiére, parce qu'il y a eu deux sortes de souffrances en Jesus Christ. Il a été sujet aux premiéres en

qua-

qualité de Redempteur de l'Eglife, &
comme chargé de nos crimes. Il a été
expofé aux fecondes en qualité de chef
de l'Eglife, & comme étant le mo-
dele de tous les Saints qui croient en
lui. Il n'a rien manqué aux premieres,
& il eft impoffible d'y rien ajoûter.
Mais les fecondes ne feront confom-
mées qu'au dernier jour. Jufqu'alors
il y aura toûjours quelque chofe à ajoûter. Saint Paul ne regarde qu'à cela
dans le paffage qu'on nous oppofe.
Par confequent il ne dit rien, dont
on puiffe tirer aucun avantage contre
nous.

On ne peut non plus nous oppofer
ce que cet Apôtre dit que c'eft pour
l'Eglife qu'il fouffre. En effet, il eft
tres-certain qu'il fouffroit, & pour la
caufe de l'Eglife, & pour l'utilité &
le bien de l'Eglife, & pour lui donner
un exemple de conftance & de fermeté, pour ne pas parler des autres uti-
litez que nous tirons des travaux de
cet excellent ferviteur de Dieu. Mais
il ne s'enfuit pas de là que fes fouffrances aient été fatisfactoires pour les pechez

chez de l'Eglise, & il fait entendre bien
nettement le contraire, lors qu'il dit
aux Corinthiens , *Paul a-t-il été crucifié pour vous?*

Je ne m'étends pas davantage sur
tout ceci, qui est assez aisé. Si on souhaitte quelque chose de plus, on n'a
qu'à voir l'ouvrage de Mr. Daillé sur
cette matiere.

CHAPITRE XXX.

Diverses preuves qui font voir que nos bonnes œuvres ne sont pas satisfactoires.

ON a pû voir dans le chapitre
precedent la foiblesse des objections de nos Adversaires. On va voir
maintenant la force des preuves que
nous leur opposons sur cette matiere.
Voici quelques-unes de celles qui me
paroissent les plus convaincantes.

I. Premiérement on nous dit que
les bonnes œuvres ne sont pas tant satisfactoires parce qu'elles sont bonnes,
que parce qu'elles sont penales, &
on

on ajoûte qu'elles font penales, parce qu'elles font rudes, fâcheufes, & defagréables à nôtre chair. Voyez *Eftius in 4. dift. 15. §. 24,* Mais fi cela eft il s'enfuivra que plus elles feront penibles & difficiles, c'eft à dire que plus on aura de repugnance à les faire, plus elles feront fatisfactoires.

Mais n'eft-ce pas là le comble de l'abfurdité? Car qui ne fait que plus on a de peine à faire une bonne œuvre, moins elle eft bonne, & agréable à Dieu? Qui ne fait que toutes ces repugnances qu'il faut vaincre, font autant d'oppofitions à la Loi de Dieu, & par confequent autant de pechez? C'eft ce que j'ai fait voir dans l'un des chapitres precedens.

II. D'ailleurs, dire que nous fommes obligez à fatisfaire à la juftice de Dieu, pour nos crimes, n'eft-ce pas dire l'une, ou l'autre de ces deux chofes, ou que Jefus-Chrift n'a pas fatisfait pleinement & parfaitement pour nous, ou que Dieu fe fait payer deux fois une même debte, puis qu'aprés avoir été fatisfait par fon Fils, il veut que nous faffaſſions enſuite la même choſe?

Je ſai ce qu'on a accoûtumé de répondre. On dit que Jeſus-Chriſt a ſatisfait pleinement & parfaitement pour la coulpe, & pour la peine éternelle, mais qu'il nous laiſſe la peine temporelle à ſouffrir, ſi nous ne nous en mettons à couvert par des œuvres ſatisfactoires. Mais il y a tres-peu de ſincerité dans cette réponſe. L'Egliſe Romaine eſt perſuadée que Jeſus Chriſt a auſſi bien ſatisfait pour la peine temporelle, que pour l'éternelle. En effet elle ſoûtient que ce Tréſor de ſatisfactions ſurabondantes, que le Pape applique par ſes indulgences, & & les Confeſſeurs par l'abſolution qu'ils accordent, elle ſoûtient, dis-je, que ce Tréſor n'eſt pas ſeulement compoſé des ſatisfactions ſurabondantes des Saints, mais qu'il l'eſt principalement de celles de Jeſus-Chriſt. Si cela eſt, qui ne voit que Jeſus-Chriſt a auſſi bien ſatisfait pour la peine temporelle, que pour l'éternelle, & qu'ainſi ma preuve ſubſiſte?

III. J'ajoûte que s'il y avoit quelque

que action qui pût satisfaire la justice de Dieu pour nos crimes, il faudroit que ce fût une action à laquelle nous ne fussions point obligez. Car si c'est une action que nous soyons d'ailleurs tenus de faire, il est bien vrai qu'en la faisant nous-nous aquittons de l'obligation où nous étions de la faire, mais nous ne faisons que cela seul, & ne couvrons pas par là d'autres manquemens, où nous pouvons être tombez.

Par exemple, je suis redevable à un Seigneur temporel, ou à un creancier, d'une rente annuelle que je dois lui payer à un certain jour. Je laisse passer deux ou trois ans sans la lui payer. Ensuite je la lui paye pour la troisiéme, & pour la quatriéme année. N'y auroit-il pas quelque chose, non seulement d'injuste, mais de ridicule, à prétendre que ce payement que je fais pour la troisiéme & pour la quatriéme année, m'aquitte non seulement de ce que je devois pour ces deux années, mais encore de ce que je devois pour les precedentes ?

Il

Il en eſt de même de nôtre ſujet. En donnant une aumône, par exemple, on fait ce qu'on doit dans la conjonêture où l'on ſe trouve. On s'affranchit de l'obligation où l'on étoit de la faire. On y ſatisfait. Mais on ne ſatisfait pas par là pour un adultére, pour un homicide, ou pour un larcin, qu'on avoit commis quelque temps auparavant.

On dira peut-être que cette raiſon ne prouve rien à l'égard des œuvres ſurerogatoires. J'en conviens. Mais outre que j'ai fait voir dans mon Traité de la Conſcience, qu'il n'y en a point de telles, n'eſt-ce pas quelque choſe que de prouver qu'au moins les œuvres commandées ne ſatisfont point? Ceci n'eſt il pas directement oppoſé aux prétentions de l'Egliſe Romaine?

IV. La maniere en laquelle l'Ecriture exprime le pardon que Dieu nous accorde, fait voir encore bien clairement qu'aprés avoir reçu cette grace il ne nous reſte abſolument rien

M à ex-

à expier. Elle dit que Dieu pardonne nos pechez, qu'il les efface de fon livre, qu'il les efface de fon fouvenir, qu'il les jette derriere fon dos, qu'il les plonge au fond de la mer, qu'il les diffipe, comme quand le Soleil diffipe un nuage, qu'il les éloigne tout autant que l'Orient eft éloigné de l'Occident, que s'ils étoient rouges comme le vermillon, il les fait devenir plus blancs que la neige, qu'on aura beau les chercher, mais qu'on ne les trouvera point. Ces expreffions foites ne font elles pas entendre bien nettement que le pardon que Dieu nous accorde, eft un pardon entier & abfolu? Et feroit-il poffible de les accorder avec ce que l'Eglife Romaine dit qu'aprés que Dieu nous a reçus en fa grace, il ne laiffe pas de nous punir pendant une longue fuite de fiecles, comme on prétend qu'il le fait dans le Purgatoire?

V. Ce que S. Paul dit qu'il ne refte plus aucune condamnation pour ceux qui font en Jefus-Chrift Rom. VIII. 1. prouve encore bien fortement

ment cette verité.   Car enfin si Dieu
punissoit ceux qui sont en Jesus-
Christ, c'est à dire ceux qui sont unis
à ce grand Sauveur, par une foi vive, & operante par la charité, il les
y condamneroit, n'y ayant point de
condamnation sans punition.   Et si
Dieu les y condamnoit, S. Paul di-
roit-il si fortement qu'il n'y a plus aucune condamnation pour eux.

VI. Enfin le principal usage, auquel on destine les satisfactions humaines, c'est de mettre ceux qui les
font à couvert des flammes du Purgatoire. Car pour les souffrances de cette
vie, outre qu'elles ne sont pas à beaucoup prés aussi rudes, on sait que les
plus saints n'en sont pas exempts. Mais
peut-on imaginer quoi que ce soit de
plus contradictoire que la doctrine de
l'Eglise Romaine sur ce sujet?

Lors qu'il s'agit de l'intercession
des Saints, elle exaggere à l'infini le
crédit qu'elle leur attribuë auprés de
Dieu. Elle dit que comme leur sainteté est parfaite, & absolument exempte des défauts ausquels les plus avancez

font fujets pendant cette vie, leurs prieres font auffi plus efficaces, & tellement
efficaces, que Dieu ne leur refufe aucune des graces, qu'ils peuvent lui demander.   En particulier il n'y a point
d'excez où ils ne fe portent lors qu'il
eft queftion de parler du pouvoir qu'a
la fainte Vierge fur fon glorieux Fils.
Ils difent qu'il n'eft pas poffible que ce
grand Sauveur lui refufe quoi que ce
foit, & la plûpart de leurs Docteurs
difent fur ce fujet des chofes, les unes
ridicules & extravagantes, les autres
impies & blafphematoires.   Laiffons
ces excez, & arrêtons nous à ce que
les plus moderez prétendent. C'eft que
les demandes de la fainte Vierge, celles des Apôtres, des Martyrs, celles du
refte des Saints, enfin celles des Anges,
& generalement de tous les Efprits
bienheureux, font tres-efficaces, & obtiennent avec la derniere facilité tous
les effets de la bonté & de la mifericorde de Dieu pour les hommes.

Ils conviennent encore que ces Efprits bienheureux ont beaucoup plus
de

de charité & de tendreſſe pour nous, que nous n'en avons lés uns pour les autres; & c'eſt là en effet une choſe qui ne leur peut être conteſtée.

J'ajoûte en troiſiéme lieu que ſelon l'Egliſe Romaine les Saints & les Anges ne peuvent ignorer l'état des ames, qui ſouffrent dans le Purgatoire. Pluſieurs d'entr'eux le ſavent par experience, ayant paſſé par ce triſte lieu avant que d'être reçus dans le Ciel, & tous enſemble le ſavent par une autre voie, je veux dire par la contemplation de la face de Dieu, en laquelle on prétend qu'ils voient toutes choſes.

Tout cela joint enſemble comment ſe peut-il, d'un côté que tous les Anges & tous les Saints ſachant ſi diſtinctement quelle eſt la rigueur des peines, que ces ames ſouffrent dans le Purgatoire, & prenant tant d'interêt en ce qui les touche, ne demandent pas à Dieu leur ſoulagement

M 3 & leur

& leur delivrance, & de l'autre qu'a-
yant tant de crédit, & le demandant
si instamment, ils ne l'obtiennent?
Comment se peut-il qu'il y ait une seule ame qui y demeure tant soit peu
de temps, & que les priéres de tant de
Saints n'en retirent un moment aprés
que la justice divine l'y a condamnée?

Qu'on dise ce qu'on voudra. Jamais on n'accordera toutes ces propo-
sitions les unes avec les autres, & il
faut necessairement reconnoître, ou
que le crédit des Saints n'est pas à
beaucoup prés aussi grand qu'on nous
fait entendre lors qu'on veut nous porter à les invoquer, ou que les ames des
justes ne font pas un fort long séjour
dans le Purgatoire, & qu'ainsi les satisfactions ne sont nullement necessaires.

CHA-

CHAPITRE XXXI.

Si les bonnes œuvres nous justifient.

Cette question, toute simple qu'elle paroît, ne laisse pas d'en renfermer plusieurs differentes.   Cela vient de ce que l'Eglise Romaine prend le terme de justifier en un sens, & les Protestans en un autre.   L'Eglise Romaine par justifier entend rendre juste par l'infusion de la justice inherente, qui selon elle n'est autre chose que la charité : Et les Protestans entendent par cette expression absoudre, déclarer juste, donner gain de cause.

D'ailleurs tant l'Eglise Romaine, que les Protestans, distinguent une double justification, que chacun de ces partis désigne & conçoit à sa maniere. L'Eglise Romaine exprime sa distinction en disant qu'il y a une premiére, & une seconde justification. La premiére est l'infusion des habitudes sur-

M 4   natu-

naturelles, dont la principale est celle de la charité. La seconde est l'augmentation de ces habitudes, qui les
met en état d'agir plus fortement, &
d'une maniere plus achevée.

Les Protestans de leur côté distinguent une double justification, celle
du pecheur, & celle du juste. La premiére n'est autre chose que la remission des pechez, & la collation du droit
à la vie éternelle. La seconde peut
être considerée à deux égards, comme une action de Dieu, & comme
une action de l'homme. La raison en
est que l'Ecriture dit également en ce
sens, & que Dieu justifie le juste, &
que le juste se justifie.

La justification du Juste, considerée
comme une action de Dieu, emporte
trois choses. I. Que Dieu reconnoît
pour juste celui qui l'est effective-
ment. II. Qu'il le déclare tel. III.
Qu'il le traite comme juste. La raison en est qu'il y a cent endroits dans
l'Ecriture, où justifier n'est autre
chose que déclarer juste. Ainsi rien
n'est plus naturel que de dire que Dieu
justi-

juſtifie le juſte lors qu'il le déclare
juſte. Mais comme il ne déclare jamais qui que ce ſoit, qu'il ne le juge en ſoi même tel qu'il le déclare, il
faut tenir pour certain que dés là que
Dieu déclare un homme juſte, il le reconnoît pour juſte, & le regarde comme juſte. Enfin ce n'eſt pas ſeulement
par des paroles qu'il déclare juſtes
ceux qui le ſont. Il fait encore la même choſe par des actions. Ainſi tout ce
qu'il fait à l'égard de ſes enfans, & qui
induit, ou ſuppoſe, qu'il les regarde
comme juſtes, tout cela, dis-je, doit
paſſer pour une déclaration telle que
Dieu fait de leur juſtice, & par conſequent pour une juſtification.

Au reſte quand je parle de déclarer
juſte, je n'entends pas ſimplement ab-
ſoudre, & décharger de la condamnation que l'on méritoit. Je n'entends
pas déclarer juſte d'une juſtice imputée. Ceci regarde la juſtification du
pecheur. J'entends déclarer juſte
d'une juſtice inherente, laquelle eſt
ſincére, quoi qu'elle ne ſoit pas parfaite, comme elle ſera dans le Ciel.

M 5

C'eſt

C'eſt dire que la foi de cet homme
eſt une foi vive, qu'il aime Dieu veritablement & ſincerement, en un
mot qu'il a tout ce qu'il faut pour ê-
tre du nombre des enfans de Dieu, &
des heritiers de ſon Ciel.

Enfin, il eſt remarquable qu'il y a
deux ſortes de bonnes œuvres. Les
unes ne ſont autre choſe que des mouvemens internes du cœur, tels que
ſont principalement les actes de la contrition, qui renferme eſſentiellement
l'amour de Dieu, la douleur qu'on a
de lui avoir déplû, l'eſperance du
pardon, & le deſir de ſe corriger & de
vivre mieux. Les autres ſont les œuvres externes que la Loi de Dieu nous
preſcrit, les prieres, les actions de
graces, les aumônes, les reſtitutions,
& les autres actions ſemblables.

Tout cela étant aînſi démêlé, rien
n'eſt plus aiſé que de ſe faire une idée
nette & préciſe des divers ſentimens,
qu'on a ſur cette matiere, & conſe-
quemment des diſputes, qui partagent
à cet égard les Chrétiens. Premiérement

rement l'Eglise Romaine prétend que les deux justifications qu'elle pose se font par les œuvres, mais diversement. Elle croit que la seconde justification, qui n'est autre chose que l'augmentation des habitudes surnaturelles, est une faveur qu'on obtient de Dieu en la meritant d'un merite de condignité, & proprement dit, & qu'on la merite au reste par toute sorte de bonnes œuvres, internes, & externes, pourveu seulement qu'elles soient faites avec le secours de la grace habituelle qu'on a reçue par la premiere justification.

Pour ce qui regarde cette première justification, elle croit qu'on l'obtient de Dieu, non par des œuvres externes, lesquelles si elles sont bonnes, sont des suites de la premiére justification, & non des causes qui la produisent, mais par les actes internes de foi & de contrition, que le pecheur ne produit jamais, que Dieu ne le justifie tout incontinent, versant dans son cœur l'habitude de la charité. Ils ajoûtent que ces actes internes ne meritent

M 6

pas

pas la premiere justification d'un merite de condignité, & proprement dit, mais seulement d'un merite de congruité, & de bienseance.

Les Sociniens, & les Remontrans, qui prennent comme nous le terme de justifier au sens du barreau, & qui font consister principalement cet acte dans la remission des pechez, disent que Dieu l'accorde, mais par pure grace, à la conversion, qui comprend les actes de foi, de contrition, & d'amendement, & par consequent une longue suite de bonnes œuvres, internes, & externes. D'où ils concluent qu'un homme qui ne se repentiroit qu'aux derniers momens de sa vie, quelque vive, & quelque sincere, que sa repentance pût être, pourroit ne pas laisser de perir, parce que sa repentance n'étant pas suivie des fruits qu'elle doit produire, elle ne seroit pas telle que Dieu l'exige de nous.

Mais quoi que nous ne doutions pas que la contrition ne soit absolument neçessaire pour obtenir la remission des pechez, nous ne croyons pas qu'elle

le

le soit en la même maniere que la foi. Et en effet l'Ecriture, qui dit si souvent qu'on est justifié par la foi, ne dit jamais qu'on l'est par la contrition. La raison en est que la foi a une efficace particuliere pour la production de cet effet, étant celle qui embrasse, & qui nous applique le merite de Jesus-Christ, ce que la contrition ne fait pas. Mais ceci n'est pas de ce lieu. Peut-être en parlerons nous plus à fond dans un autre ouvrage.

Pour ce qui regarde la justification du juste, nous croyons premiérement que c'est par ses œuvres que le juste met en évidence la sincerité de sa foi. En deuxiéme lieu que si Dieu le reconnoit juste, le declare juste, & le traite comme juste, c'est en conséquence des bonnes œuvres que ce juste a faites, & de l'application avec laquelle il s'est attaché à la pratique de la pieté.

On peut voir maintenant en quoi c'est que consiste la dispute qu'il y a sur ce sujet entre les Chrétiens. Les trois plus considerables contestations qu'il y ait

y ait là deſſus ſont celles-ci. I. L'E-
gliſe Romaine ſoûtient que nos bonnes œuvres meritent proprement, &
par un merite de condignité, l'augmentation des habitudes ſurnaturelles que la grace opere en nos cœurs:
Et c'eſt ce que nous ne pouvons admettre. II. Les Sociniens & les Remontrans ſoûtiennent que Dieu attend à nous pardonner nos pechez juſqu'à ce que nous ayons juſtifié la ſincerité de nôtre converſion par une
longue ſuite de bonnes œuvres: Et
nous ſoûtenons le contraire. III. Nous
ſoûtenons que lors que Dieu nous pardonne nos pechez il le fait en conſideration de la ſatisfaction de ſon Fils,
qu'ils nous impute, & que nous ac-
ceptons par la foi: Et les Sociniens
prétendent qu'il n'a égard qu'à nôtre
converſion, dont il ſe contente par pure grace, ſans exiger quoi que ce ſoit
davantage.

Mais on voit bien qu'aucune de ces
trois diſputes n'eſt proprement de ce
lieu. La premiére eſt ſuffiſamment
decidée par tout ce que j'ai dit dans les
cha-

chapitres precedens, où j'ai fait voir que les plus excellentes de nos bonnes œuvres ne font nullement meritoires. J'ai éclairci fuffifamment la feconde dans ma *Mort des Juftes Liv. 4. chap.* 8. & dans mon *Traité de la foi divine Liv. 3. chap.* 10. Et pour ce qui regarde la troifiéme, c'eft une queftion qui n'eft pas proprement de nôtre fujet, & qui demanderoit d'ailleurs un Traité à part, fi d'autres ne l'avoient fuffifamment éclairci.

Pour ce qui regarde ce que l'Eglife Romaine appelle la premiere juftification, c'eft à dire l'infufion des habitudes furnaturelles, il eft malaifé d'y trouver la matiere d'une difpute bien reelle, & bien importante. Premiérement on convient de part & d'autre du principal. On convient que Dieu répand ces habitudes dans l'ame de ceux qui fe convertiffent veritablement à lui. On convient que ceux qui fe convertiffent le font par les actes internes de foi. On convient enfin que ces actes ne font pas les productions de la nature, mais les effets
de

de la grace. Ainsi toute la question qu'il y peut rester, c'est I. de savoir si Dieu attend à orner l'ame de ces habitudes jusqu'à ce qu'on ait fait ces actes, si au contraire l'infusion des habitudes precede les actes, ou si enfin le tout se fait à la fois. II. Si en supposant le premier il est vray de dire que ces actes meritent ces habitudes d'un merite de congruité. III. Si cette infusion est ce que l'Ecriture designe lors qu'elle dit que Dieu justifie le pecheur.

Je croi qu'il est impossible de décider sûrement & solidement la premiére de ces trois questions. Les trois maniéres ausquelles j'ai dit qu'on peut combiner les actes de contrition , & l'infusion de la charité, sont également possibles. Ainsi la raison ne sauroit décider laquelle des trois est la veritable. Et pour ce qui regarde la revelation, qui est celle qu'il faudroit uniquement consulter sur une matiére comme celle-ci, je n'y voi rien qui puisse nous éclaircir là dessus. Ainsi je suis persuadé que le meilleur seroit de laisser cette question indécise.

Je dis à plus forte raison la même chose de la seconde, dont la décision dépend visiblement de celle de la premiere. Car comment pourra-t-on savoir si l'une de ces choses obtient l'autre, si on ne sait, ni si l'une precede l'autre, ni posé qu'elle le fasse, laquelle est celle qui précede, ou celle qui suit?

J'ajoûterai cependant que ce terme de *merite*, même *de congruité*, nous choque, & non sans raison, comme je l'ai déja remarqué dans un autre endroit. Pour ce qui regarde la chose même, je ne voi pas grand inconvenient à dire qu'il est digne de la bonté de Dieu d'accorder aux bonnes actions de ses enfans des graces qu'ils ne meritent point en justice, & qu'ainsi si on reduit à ceci le sens de cette expression, l'expression pourra bien être toujours incommode, mais la chose même n'aura rien dont on doive être choqué.

Pour ce qui regarde la troisiéme question, il est certain que l'Eglise Romaine se trompe lors qu'elle soûtient

tient que la juſtification dont l'Ecriture ſainte nous parle, lors qu'elle
dit que Dieu juſtifie le pecheur, n'eſt
autre choſe que l'infuſion des habitudes ſurnaturelles. Mais comme il
n'y a aucun de ceux de nos Theologiens qui ont traitté cette matiere, qui
n'ait prouvé demonſtrativement le
contraire, & que je n'ai rien à ajoûter
à ce qu'ils en ont dit, j'eſpére qu'on
ne trouvera pas mauvais que je ne m'y
arrête point preſentement.

CHAPITRE XXXII.

*Réflexions ſur ce que S. Jaques dit ſur
ce ſujet.*

COmme tous ceux qui prétendent
que l'homme eſt juſtifié par ſes
œuvres ſe fondent principalement ſur
l'autorité de S. Jaques, qui ſemble en
effet s'être expliqué aſſez nettement
là deſſus ſur la fin du chapitre II. de
ſa Catholique, il n'y aura point de
mal

mal à faire quelques reflexions sur ce qu'il en dit.

Je dis donc en premier lieu que l'E-glise Romaine ne peut tirer aucun avantage de cet endroit de S. Jaques, soit pour appuyer sa créance, soit pour ébranler la nôtre. Que peut-elle conclurre de ce que cet Apôtre nous dit? C'est dit elle, que la justification ne se fait, ni par la foi sans les œuvres, ni par les œuvres sans la foy, mais par l'union & le concours de ces deux causes qui agissent ensemble.

Mais, dirai-je, quelle est cette jus-tification, qu'on prétend que la foi & les œuvres operent conjointement? Est-ce la premiére, ou la seconde? Si c'est la premiére, je demande en-core quelles sont les œuvres qui la produisent, ou qui l'obtiennent? Sont-ce les actes internes de foi, de contri-tion, & d'amour. Mais comment peut-on soûtenir que S. Jaques fasse dépendre la premiére justification de ces œuvres, puis qu'il n'en dit pas un mot? Il parle uniquement des œuvres sensibles & exterieures, des aumônes

℣. 16.

℣. 16. de l'oblation d'Isaac ℣. 21. de ce que Rahab fit pour les Espions de Josué ℣. 25. Pour la contrition & l'amour de Dieu il n'en parle point.

L'Eglise Romaine a-t-elle donc dessein de prouver par l'autorité de S. Jaques que la premiere justification se fait, ou s'obtient, par des œuvres sensibles & exterieures ? Si cela est, elle dispute contre elle-même. Car elle croit que les œuvres de cette espece bien loin d'operer la premiere justification, ne la precedent pas, mais la suivent, suivant cette parole celebre de S. Augustin, *Bona opera non præcedunt justificandum, sed sequuntur justificatum.*

D'ailleurs qui ne voit que S. Jaques ne parle de prés ni de loin de la premiere justification ? N'est-ce pas là une chose qui paroît plus clair que le jour par l'exemple d'Abraham, que S. Jaques produit, & qui est celuy qu'il presse le plus? Il dit que ce Patriarche fut justifié par ses œuvres lors qu'il offrit son fils Isaac sur l'autel. Mais qui ne sait que lors qu'Abra-

ham

ham donna à Dieu cette grande preuve de son respect, il y avoit déja du temps qu'il étoit justifié? Selon Petau il s'étoit passé 55. ans depuis qu'il avoit quitté la Chaldée pour obeïr à la vocation de Dieu, jusqu'à ce qu'il reçût l'ordre d'immoler Isaac. Depuis sa vocation il avoit donné des preuves continuelles de sa foi & de sa pieté, comme on peut le voir dans l'histoire Sainte, & dans ce que saint Paul en rapporte au chapitre XI. de son Epitre aux Hebreux. Ainsi il est impossible que cette justification, qui selon S. Jaques lui fut accordée lors qu'il offrit à Dieu son enfant, fût de l'ordre de celles qu'on nomme premiere, & par consequent il ne se peut que S. Jaques se soit proposé de prouver par là que la premiere justification se fait par les œuvres.

Se reduira-t-on donc à prouver par le témoignage de cet Apôtre, que c'est non la premiere, mais la seconde justification que les œuvres nous font obtenir? Si cela est on ne prouve rien contre nous. Car y a-t-il aucun
cun

cun de nos Auteurs, qui refuse de reconnoître que Dieu recompense la
pieté de ses enfans, & les soins qu'ils
prennent de lui obeïr, qu'il les recompense, dis-je, par une nouvelle
effusion des graces de son esprit?

Mais, dira-t-on, vous ne voulez
pas reconnoître que nos bonnes œuvres meritent cette recompense. Nous
ne le reconnoissons pas, je l'avoue.
Mais S. Jaques l'asseure-t-il? Ya-t-il
dans tout ce passage un seul mot touchant le merite?

Je ne voi donc rien dans cet endroit,
que l'Eglise Romaine nous puisse opposer. S'il y avoit quelqu'un qui pût
s'en prevaloir contre nous, ce seroient
les Sociniens & les Remontrans, dont
le sentiment paroît beaucoup plus
conforme à tout le discours de S. Jaques que celui des Docteurs de Ro-
me. Premiérement ils ne donnent pas
au terme de justifier un sens different
de celui qu'il a d'ordinaire dans l'E-
criture, comme fait l'Eglise Romaine. Ils le prennent comme nous au
sens du barreau, & d'ailleurs les œuvres

vres aufquelles ils donnent le pouvoir
de nous juſtifier, ne ſont pas ſeulement
des actes internes de foi, de contrition,
& d'amour, mais toute ſorte de bonnes
œuvres internes, & externes, ce qui
nous empêche de faire valoir contre
eux quelques-unes des preuves dont
nous-nous ſervons contre l'Egliſe Romaine. Mais quoi qu'il en ſoit, il nous
en reſte de tres ſolides que nous leur
pouvons oppoſer.

Ils prétendent que S. Jaques parle de
la juſtification du pecheur, & en effet
nous ne ſommes en diſpute avec eux que
ſur celle-ci ſeule. Mais n'eſt-il pas vrai
que l'exemple d'Abraham, que cet
Apôtre produit, fait voir clairement
qu'il parle auſſi peu de ce que nous appellons la juſtification du pecheur, que
de ce que l'Egliſe Romaine appelle la
premiere juſtification? Eſt-il plus aiſé
d'appliquer la preuve que S. Jaques
prend de cet exemple, à l'une de ces
juſtificationsqu'à l'autre?

Les Sociniens & les Remontrans re-
connoiſſent que la juſtification conſiſte
principalement dans la remiſſion des
pe-

pechez. Mais quel peché Dieu par-
donna-t-il à Abraham lors que ce Patriarche luy offrit son fils? Quand même il lui en auroit pardonné quelqu'un,
comment pourroit-on le prouver? Et
si S. Jaques le prétendoit, & avoit dessein de le faire entendre, seroit-il possible d'en trouver la preuve dans ce qu'il
dit?

D'ailleurs, ne peut-on pas faire voir
qu'il est impossible que S. Jaques ait eu
la pensée que les Sociniens & les Remontrans lui attribuent, en prouvant
que cette pensée qu'ils lui attribuent est
directement opposée à ce que l'Ecriture nous dit en d'autres endroits? On y
trouve plusieurs exemples, que j'ai pro-
duits ailleurs, du pardon que Dieu a accordé à des pecheurs dés le moment
qu'ils ont imploré sa grace, & sans attendre qu'ils justifiassent la sincérité de
leur repentance par des œuvres sensibles & exterieures. Cela seul ne suffit-
il pas pour prouver que la pensée de
cet Apôtre n'est pas celle des Sociniens
& des Remontrans?

Quel est donc le sens de S. Jaques?
Il

Il n’est pas bien difficile de l’indiquer.
Selon toutes les apparences cet Apôtre
a en veuë les Disciples de Simon le Ma-
gicien, qu’on appelle ordinairement
Gnostiques, & c’est là en effet le sentiment d’Estius, de Hammond, & de
plusieurs autres. Ces heretiques soû-
tenoient principalement que ce qui
nous sauve, c’est une nue, & simple
connoissance de la verité, qu’ils appel-
loient, tantôt foi, & tantôt *Gnose*, mais
qui quoi qu’il en soit peut subsister, &
faire son effet, sans être accompagnée
de la pratique des bonnes œuvres, &
ce qui est plus horrible, quoi qu’elle
n’empêche pas de se porter aux plus
enormes excez.

Pour détruire cette abominable doctrine, S. Jaques soûtient deux choses.
L’une que la foi separée des bonnes œuvres, & à plus forte raison subsistant a-
vec la pratique des plus grands pechez,
est une foi morte, vaine, & inutile, in-
capable de nous justifier & de nous
sauver. L’autre que Dieu ne regarde
comme ses enfans, ne reconnoît pour
tels, & ne traite comme tels, que ceux
qui s’appliquent à la pratique des bonnes œuvres.   N   Rien

Rien ne pouvoit être plus oppofé aux erreurs des Gnoftiques que ces
deux veritez, rien n'en fait voir plus
évidemment le venin & la fauffeté.
Il eft certain auffi que tout ce que
S. Jaques dit dans cet endroit ne tend
qu'à appuyer, tantôt l'une & tantôt
l'autre, ou pour mieux dire qu'à les
appuyer toutes deux, avec cette feule difference, qu'il regarde principalement à la premiere dans les fix premiers verfets, & à la feconde dans les
fept derniers, depuis le vingtiéme
jufqu'à la fin du chapitre.

Il exprime la premiere en difant que
la foi fans les œuvres eft morte, qu'elle ne peut, ni nous fauver, ni nous
juftifier. Il exprime la feconde en difant que l'homme eft juftifié par fes
œuvres, ce qu'il faut entendre, non
de la juftification du pecheur, mais
de celle du jufte, telle que je l'ai con-
çuë. C'eft ce qui paroît par tout ce que
cet Apôtre dit fur ce fujet.

Quel autre fens peut-on donner au
verfet 18. *Montre moi ta foi fans tes
œuvres, & je te montrerai ma foi par mes
œuvres?*

œuvres? Qui ne voit qu'il est là parlé, non d'une justification qui rend juste celui qui ne l'étoit pas auparavant, mais d'une justification qui fait voir qu'on l'est en effet?

N'est-ce pas là encore ce que prouve l'exemple d'Abraham? Car comment est-ce que l'oblation qu'il fit a Dieu de son fils, le justifia, qu'en mettant en évidence la fermeté de sa foi, & en obtenant de Dieu cette déclaration si solemnelle, & qui lui fit tant d'honneur, *J'ai maintenant connu que tu crains Dieu, puis que tu n'as point épargné ton fils, ton unique pour moi?* Gen. XXII. 12.

N'est-ce pas là ce que prouve ce qui est remarqué au ℣. 23. qu'alors fut accompli dans toute son étenduë ce que l'Ecriture avoit dit par rapport à une autre action, qui avoit precedé, *Abraham a creu à Dieu, & cela lui a été imputé à justice, & il a été appellé ami de Dieu?* Qu'on pése ces dernieres paroles, & on verra que S. Jaques parle de la justification d'un juste.

N 2

N'est-

N'eſt-ce pas là enfin ce que prouve
l'exemple de Rahab ? Cette femme fut
traitée comme juſte étant exceptée de
l'interdit de Jericho, & preſervée d'un
malheur auquel ſa naiſſance l'aſſujet-
tiſſoit.   Mais comment obtint-eſle
cette grande grace? Ce fut en recevant
les Eſpions de Joſué, en leur donnant
le moyen de ſe ſauver, & riſquant ſa
vie pour leur donner ce ſecours.

En un mot, qu'on donne à S. Jaques
le ſens & l'intention que je lui attribuë.
Qu'on ſuppoſe qu'il veut prouver les
deux veritez que j'ai indiquées. On ne
trouvera pas un ſeul mot dans tout ce
qu'il dit qui ſoit inutile, & qui ne faſſe admirablement cet effet. Au contraire tout autre deſſein qu'on lui donne il
y aura toûjours quelque choſe qui ne
ſervira de rien. On lui attribuera même des raiſonnemens, qui n'auront ni
force, ni vraiſemblance, ou pour mieux
dire qui ſeront ſi foibles, & ſi peu preſ-
ſans, qu'un homme mediocrement judicieux auroit honte de s'en ſervir. Cela ſeul ne ſuffit-il pas pour faire voir que
le ſens que j'attribue à cet Apôtre eſt le
veritable ?   Mais

Mais, dira-t-on, pourquoi S. Jaques ne parle-t-il que de la justification du juste ? Pourquoi ne dit-il rien de la justification du pecheur ? C'est parce que les heretiques qu'il attaque dans cet endroit ne reconnoissoient que la premiere. Ils ne se mettoient point en peine de la remission des pechez. Ils croioient, comme S. Irenée le remarque liv. I. chap. 20. que toute sorte d'actions sont indifferentes. Ainsi la justification du pecheur est une grace qui leur étoit inconnue. Mais quoi qu'il en soit, ils croyoient qu'il étoit necessaire de plaire à Dieu, & d'être les objets de son amour & de sa faveur. C'est ce qu'on obtenoit, selon eux, non par les œuvres, mais par la foi, ou comme ils parloient d'ordinaire, par la conoissance.

Que falloit-il faire pour les refuter ? Falloit-il parler de ce qui peut être necessaire pour obtenir la remission des pechez ? Rien n'auroit été plus inutile que tout ce qu'on auroit pû dire sur ce sujet. Il falloit établir deux choses. L'une que la foi sans les œuvres est inutile. L'autre que les œuvres sont

abso-

abſolument neceſſaires pour faire que Dieu nous regarde comme ſes en-fans, qui eſt ce qu'il fait par cette juſtification que nous appellons la juſtification du juſte. C'eſt-là ce qu'il falloit, & dire, & prouver, & c'eſt là auſſi ce que ſaint Jaques dit expreſſement, & qu'il prouve de la maniere du monde la plus ſolide.

D'ailleurs, S. Jaques n'avoit deſſein de preſſer que la neceſſité des œuvres ſenſibles & exterieures, parce que c'étoient les ſeules, qui lui donnoient le moyen de convaincre ſes Adverſaires, En effet, s'il ſe fût contenté d'en exiger d'internes, ils n'auroient pas manqué de répondre qu'ils en faiſoient aſſez de cet ordre. Mais comme ils n'en faiſoient pas d'exter-nes, cet Apôtre eſt bien aiſe de leur en faire voir la neceſſité. Comme donc ces œuvres externes ne ſont nul-lement neceſſaires pour obtenir la re-miſſion des pechez, comme il eſt cer-tain au moins qu'il ne faut pas qu'elle precede la reception de cette grace, quoi qu'il ſoit abſolument neceſſaire qu'el-

qu'elles la suivent, on voit clairement que cet Apôtre a eu raison de ne
pas parler de ce qui nous fait obtenir
ce grand avantage, & de se borner à
la justification, que nous appellons
du juste, & qui lui donnoit lieu de
presser la necessité des œuvres dont il
s'agissoit.

CHAPITRE XXXIII.

Veritables effets des bonnes œuvres.

CE que j'ai dit jusqu'ici fait voir
que nos bonnes œuvres ne peuvent ni meriter quoi que ce soit devant Dieu, ni satisfaire à sa justice
pour nos pechez, & que si elles justifient le juste, elle ne sauroient faire
le même effet envers le pecheur. Que
font elles donc, & quels sent les effets qu'elles produisent? C'est ce que
je vai rechercher presentement.

On peut réduire à trois ordres les
effets de nos bonnes œuvres. Elles
operent les premiers par rapport à
N 4

Dieu

Dieu, les seconds par rapport aux autres hommes, & les troisiémes par rapport à nous.

Elles en produisent deux confiderables par rapport à Dieu. L'un qu'elles l'honorent, l'autre qu'elles le font
honorer.

Car pourle premier, toutes les bonnes œuvres que nous faisons, font, non
seulement tout autant de preuves, mais
encore tout autant de parties de l'honneur que nous lui devons, & qu'il est
si juste, & si neceflaire de lui rendre.
Si elles font veritablement bonnes,
comme nous le suppofons, nous les
faisons par un principe d'amour pour
lui, par un veritable desir de lui plaire,
par un mouvement de refpect & de
foûmiflion pour sa volonté. C'est ce
que j'ai fait voir clairement dans ce
Traité même. Et n'est-ce pas en cela
que consiste l'honneur & le service
que nous lui devons? N'est-ce pas là
l'hommage que sa grandeur exige de
nous?

D'un autre côté, rien ne porte plus
efficacement le reste des hommes à fervir

vir Dieu & à le glorifier, rien ne leur
inspire plus de respect & de veneration
pour la verité, que la vie pure & exem-
plaire de ceux qui la professent. C'est
sur ce fondement que le Sauveur du
monde disoit autrefois à ses Disciples.
Faites luire vôtre lumiere devant les hommes,
afin que les hommes voyant vos bonnes œu-
vres glorifient vôtre Pere qui est dans les
Cieux. Et S. Pierre, *Ayez vôtre conver-*
sation honneste envers les Gentils, afin qu'en
ce qu'ils detractent de vous comme de mal-
faiteurs, ils glorifient Dieu au jour de la vi-
sitation pour vos bonnes œuvres qu'ils auront
veuës. I. Ep. II. 12.

Ceci commence déja de découvrir
l'efficace des bonnes œuvres par rapport au reste des hommes. N'est-ce
pas en effet en avoir beaucoup à leur
égard, que de leur inspirer de l'amour
& du respect pour la Religion, & pour
le Dieu que cette Religion honore?
Quel plus grand bien pourroit-on leur
faire? Et à quoi est-ce que la charité
que nous leur devons peut nous porter
plus fortement qu'à ceci? Agir de la
sorte c'est les *édifier,* selon le style de
l'Ecriture, c'est à dire travailler effi-

cace-

cacement à leur salut, les unir à J. C.
le Chef, & le fondement de l'Eglise, les
faire vivre & croître en lui. Faire le
contraire c'est les scandalizer, c'est
leur fermer la porte du Ciel, & par là
commettre un peché, qui doit être
bien atroce, puis que Jesus Christ
prononce un si terrible anatheme
contre ceux qui s'en rendent coupables. *Malheur*, dit-il, *à celui par qui
le scandale arrive. Il lui vaudroit mieux
qu'on lui attachât une meule au col, &
qu'on le jettât en la mer.*

Les exemples en general, & de
quelque nature qu'ils soient, ont
beaucoup de pouvoir pour porter la
plûpart des hommes à les suivre. On
pourroit peut-être définir l'homme
un animal imitatif, sans s'éloigner
beaucoup de la verité. Il y a en effet en
nous une pente secrete, qui nous porte à faire ce que nous voyons faire aux
autres. Mais les bons exemples ont
ceci de particulier, qu'ils détruisent
efficacement un préjugé, qui fait l'un
des plus grands obstacles à la conversion, & à la pratique des bonnes

œuvres. On s'imagine qu'elles sont, non seulement difficiles à pratiquer, mais impossibles. C'est ce qui fait que la plûpart ne s'y appliquent point. Mais on revient sans peine de cette erreur, lors qu'on voit pratiquer aux autres ces mêmes œuvres, qu'on regardoit comme impossibles, & on reconnoît par là que c'est nôtre lâcheté, non la nature des choses mêmes, qui nous empêche d'en faire autant.

Outre ces biens spirituels, les bonnes œuvres en font un grand nombre de temporels. Que deviendroient les foibles, & les miserables, s'il n'y avoit, ni justice, ni charité, dans le monde ? D'où pourroient-ils attendre, ni protection lors qu'on les opprime, ni consolation lors qu'ils souffrent, ni assistance lors qu'ils se trouvent en necessité ?

D'ailleurs, combien n'y a-t-il pas d'impies dans le monde, que la justice divine accableroit de tout le poids de sa vengeance, si elle n'étoit retenuë par l'amour qu'elle a pour les gens de bien, qui en souffriroient ?

N 6

L'im-

L'impure, la deteſtable Sodome, auroit été épargnée, s'il y eût eû dix
juſtes dans ſon enceinte : Et le
Prophéte Eſaïe aſſeure que ſi le peuple d'Iſraël n'eût eu uû petit reſte de
gens de bien, il auroit été traitté avec
la méme rigueur que cette ville abominable. Ainſi lors qu'on voit que la
juſtice Divine épargne des villes, ou
des provinces, dont le debordement
extrême provoque viſiblement ſa colere, on a lieu de ſe perſuader que
c'eſt la pieté d'un petit nombre de
bonnes ames, qui conſervent leur pureté parmi tant d'ordures, qui arrête, ou du moins qui ſuſpend, la pe-
ſanteur de ſes coups.

Mais les principaux effets de nos
bonnes œuvres ſont ceux qu'elles pro-
duiſent par rapport à ceux qui les font.
Il y en a pluſieurs de cet ordre.

1. Le premier c'eſt qu'elles les pre-
ſervent des pechez qu'ils commet-
troient en ne les faiſant pas, & de toutes les ſuites funeſtes que ces pechez
pourroient avoir, ſoit dans le temps,
ſoit dans l'éternité. Il eſt certain en ef-

fet

fet que l'omiſſion de chaque bonne œuvre eſt un peché particulier. Ce n'eſt
pas tout. C'eſt un peché qui provoque
la colere de Dieu , & qui nous expoſe à
ſa haine & à ſa vengeance. Témoin ce
que S. Jean-Baptiſte diſoit autrefois, *La
coignée eſt déja miſe a la racine des arbres.
Tout arbre donc qui ne porte point de bon fruit
s'en va étre coupé, & jetté au feu.* Par conſé-
quent ne pas faire de bonnes œuvres,
c'eſt d'un côté manquer à ſon devoir,
& offenſer Dieu , & de l'autre s'attirer
le plus grand de tous les malheurs. Par
conſequent encore les pratiquer , c'eſt
ſe mettre à couvert de l'un & de l'autre
de ces deux dangers, & de cette maniere travailler utilement pour ſoi-même.

II. Faire de bonnes œuvres, c'eſt ſelon
S. Pierre affermir nôtre vocation & nôtre élection. C'eſt donner des fonde-
més ſolides à tout ce que nous pouvons
avoir de joie & de conſolation dans le
monde. D'où cette conſolation & cette
joie pourroient-elles venir que de la
perſuaſion de l'amour de Dieu, du ſentiment de ſa grace , & de l'eſperance de
ſa gloire ? Et comment pouvons-nous
nous

nous afleurer, ni que Dieu nous aime, je parle de cet amour de com-
plaifance, dont il n'honore que fes
chers enfans, ni qu'il nous a pardonné nos pechez, ni qu'il nous referve
fon Ciel & fa gloire, que par les pechez dont nous nous abftenons, &
par les bonnes œuvres que nous faifons ? La fecurité, la lethargie fpirituelle, peut venir d'ailleurs, je l'a-
vouë. Mais la paix & le calme de la
confcience, la joie Chrétienne, les
confolations folides, ne fauroient venir que de là.

J'avoue que la joye & la confolation viennent immediatement de la
foi. Mais qui ne fait que leur folidité dépend uniquement de la certitude que nous avons que nôtre foi eft
vive & fincére? Car fi par malheur
ç'étoit une foi morte, & femblable à
celle des ouvriers de l'iniquité, n'eft-
il pas certain que cette joie, que cette confolation feroient une fauffe joye, une fauffe confolation, qui n'auroient point d'autre effet que de nous
conduire plus doucement & plus tran-
quille-

quillement dans l'enfer? Nous ne fommes donc affeurez que nôtre joye eft
folide, qu'à proportion de la certitude que nous avons que nôtre foi eft
vive. Et comme nous ne pouvons
favoir que nôtre foi eft vive, que par
nos œuvres, il eft évident que nos
œuvres font en un fens le fondement
de nôtre joye, & la fource de nôtre
confolation.

III. Elles avancent encore nôtre
fanctification, & ajoûtent de nouveaux traits à l'image de Dieu dans
nos cœurs, ou du moins rendent plus
vifs ceux que le S. Efprit y avoit tra-
cez. J'ai déja fait voir de quelle maniere ceci fe fait, & il n'eft pas neceffaire de le redire. Il fuffira de
remarquer que cet effet eft trés con-
fiderable. Car enfin la fainteté fait
le plus grand & le plus precieux de
nos avantages, & rien ne nous éleve
au deffus du refte des hommes, autant que celui-ci feul.

IV. Enfin, les bonnes œuvres font
agréables à Dieu, comme l'Ecriture
fainte l'affeure en divers endroits. Par

C X . mexemple S. Pierre foûtient que tous les Chrétiens font autant de Sacrificateurs, qui offrent à Dieu *des facrifices fpirituels, qui lui font agréables par Jefus-Chrift* : Et S. Paul nous exhortant à la liberalité & à la communication affeure que Dieu prend plaifir à de tels facrifices. Cela étant il n'y a point de doute que nos bonnes œuvres ne nous attirent l'amour & la bienveillance de Dieu, & par confequent ne nous procurent tous les effets de cette bienveillance & de cet amour, foit dans le temps, foit dans l'éternité. Auffi voyons-nous que l'Ecriture appelle en divers endroits les bienfaits de Dieu une recompenfe de nos bonnes œuvres, une retribution qu'il leur rend, un payement de ce que nous lui avons prêté, une moiffon qui nous dédommage de tout ce que nous avons femé, &c.

J'avouë que cette moiffon, ce payement, cette recompenfe, ne font pas des biens que nous ayons meritez, & qui nous foient dûs en juftice. J'ai fait voir fuffifamment le contraire. C'eft
à la

à la bonté, & à la liberalité de Dieu,
que nous en fommes redevables. Mais
puis que les bonnes œuvres invitent,
follicitent, excitent, émeuvent cette bonté, & cette liberalité de Dieu,
puifqu'elles nous en procurent les effets, il eft clair que leur efficace va jufques là, & qu'ainfi on peut compter
la poffeffion de ces biens parmi les effets de nos œuvres.

CHAPITRE XXXIV.

Que rien n'eft plus jufte, rien plus raifon-
nable que de s'appliquer fortement à la
pratique des bonnes œuvres.

CE que je viens de dire fait voir
clairement avec quel foin, & avec
quel empreffement nous devons nous
attacher à faire de bonnes œuvres. Car
enfin que pouvons nous faire, ni de plus
jufte, de plus excellent, de plus beau en
foi, ni de plus utile, foit pour nous-mêmes,

mes, soit pour les autres? Que font au prix de ceci les autres soins qui nous occupent? Nous travaillons comme des forçats depuis l'enfance jusqu'à la mort, l'un à une chose, l'autre à une autre. Mais qu'elle que ce soit des occupations, qui partagent de cette façon nôtre vie, est-elle comparable à pas un de tous ces égards à celle de pratiquer ce qu'il a pleu à Dieu de nous ordonner?

Toutes nos occupations ont quelque chose de bas, de vil, & d'abjet. Toutes sont vaines & frivoles, & ne nous procurent point d'avantage, ou ne nous en procurent que de tres-legers. Celle-ci seule répond dignement, & à la noblesse de nôtre nature, & au rang où la grace nous a élevez. Celle-ci seule nous procure des biens éternels, & infiniment precieux:

C'est pour cela seul que Dieu nous a donné cette vie. C'est pour cela seul qu'il nous a créez, rachettez, & regenerez. *Nous sommes*, dit S. Paul, *l'ouvrage de Dieu, creés en Jesus-Christ à*

de

de bonnes œuvres, que Dieu a preparées afin que nous marchions en elles. Quel abus donc ne ferons nous pas de ſes biens, & des eſſets de ſa liberalité, ſi nous ne les employons à cet uſage?

Il nous en preſente châque jour quelque nouvelle occaſion. Il nous en donne les moyens. Ces moyens & ces occaſions que ſont-ce qu'autant de talens que nous devons tâcher de faire valoir par nos ſoins? Ne le faiſant pas, nous commettons le peché du ſerviteur de la parabole, qui enfouït le talent que ſon Maître lui avoit confié, & nous ne manquerons pas d'être traitez comme lui, & d'entendre ce terrible Arrêt, *Jettez le ſerviteur innutile aux tenebres de dehors, où il y a des pleurs, & du grincement de dents.*

Mais tâchons d'approfondir un peu tout ceci. Il y a trois principaux motifs qui nous font ordinairement agir. Nous voulons premiérement être heureux, & nous-nous portons naturellement à faire tout ce qui nous paroît propre à nous procurer plus de bonheur que nous n'en avons. Nous voulons

être

être parfaits & accomplis, & rien n'est, ni plus naturel, ni même plus juste, que de tâcher de nous acquerir toutes les perfections, dont nous sommes capables. Enfin, chacun se porte naturellement à agir de la maniere qui lui paroît la plus digne de lui, & la plus convenable, soit à sa naissance, soit à son âge, soit à son rang, soit aux autres choses, qui font l'état où il se trouve.

Ce font là les plus pressans des motifs qui nous déterminent à faire ce que nous faisons. Il est pourtant vrai que parmi tous ces trois motifs il n'y en a pas un qui ne nous oblige de la maniere du monde la plus indispensable à nous appliquer de toutes nos forces à la pratique des bonnes œuvres.

Je commence par le premier, & je remarque d'abord qu'il y a un double bonheur, qu'on peut rechercher; l'un parfait & achevé, qui ne se trouve que dans le Ciel; l'autre imparfait & commencé, qu'on peut posseder sur la terre. La consideration de l'un & de l'autre doit nous porter efficacement à ce que je dis.   Car

Car pour le premier, n'ai-je pas fait
voir dans l'un des chapitres precedens
que les bonnes œuvres sont tellement
necessaires, que si on refuse, ou si on
neglige d'en faire, il est absolument impossible que l'on se sauve? Et n'est-ce
pas là en effet une verité que l'Ecriture
atteste de la maniere du monde la plus
expresse en une infinité d'endroits differens? N'est-ce pas là encore une chose,
dont tous les Chrétiens conviennent?
Comment donc peut-on se resoudre à
n'en pas faire, si on a quelque desir d'é-
viter l'enfer, & de se sauver.

On dira, sans doute, qu'il y a bien de
la difference entre ne faire jamais de
bonnes œuvres, & ne faire pas toutes
celles que l'on pourroit, & que l'on
devroit pratiquer. On dira que c'est le
premier qui bannit du Ciel, mais que
le second ne nous empêchera pas d'y
être reçus.

Je conviens de l'un & de l'autre,
mais je dis en premier lieu que comme
il y a telle omission des bonnes œuvres
qui ne ferme pas la porte du Ciel,
il

il y en a telle autre qui fait cet effet. J'ai
tâché d'en marquer la différence dans
l'un des chapitres précedens, & j'ai dit
en un mot que l'omission qui est incompatible avec la sincerité des vertus,
dont ces œuvres devroient être l'exercice, est celle qui bannit du Ciel, &
non celle qui en fait voir simplement
la foiblesse & l'imperfection. Je n'entends que de la premiére de ces deux
especes d'omission ce que je viens de
dire, & il faut bien se garder d'en faire l'application à la seconde. Mon sens
est que puis qu'il y a une certaine quantité de bonnes œuvres, qui est absolument necessaire pour ne pas perir, il
faut en faire tout au moins dans cette
quantité précise, ou renoncer au salut.
C'est là tout ce que je prétends, &
c'est ce qui ne peut m'être contesté.

J'ajoûte en deuxiéme lieu que quand
même on seroit bien seur qu'on a dans
l'état où l'on se trouve tout ce qui est
necessaire pour se sauver, cet interêt
ne laisse pas de nous obliger à faire encore de nouveaux efforts pour mettre
nôtre salut dans une plus grande seu-
reté

reté. La raison en est qu'on peut ê-
tre attaqué dans la suite de quelque tentation impréveuë, sous l'effort de laquelle le degré de sanctification, que
nous possedons, ne nous empêchera
pas de succomber. Si donc nous étions
seurs de mourir dans un moment, nous
pourrions peut-être nous contenter de
ce que nous possedons, Mais comme
nous pouvons vivre, & que cette pro-
longation de nôtre vie peut nous exposer à de terribles dangers, il est évident que la prudence nous oblige à
prendre toutes les précautions possibles
pour nous mettre en état de les éviter,
à quoi nous ne pouvons travailler plus
efficacement qu'en nous appliquant à
faire de bonnes œuvres, puisque c'est
par ce moyen qu'on s'affermit de plus
en plus dans la pieté.

Enfin, je dis que nous ne devons pas
seulement travailler à nous sauver.
Nous devons encore faire nos efforts
pour nous acquerir le degré de gloire
le plus eminent & le plus sublime que
nous pourrons. J'ai déja dit que le
bonheur des Saints est tres-inégal, &
qu'il

qu'il y en a de plus avantageufement partagés les uns que les autres. Si cela eft ne devons nous pas tâcher d'en acquerir le plus que nous pourrons ? Et n'eft-il pas vrai qu'il n'y a aucun des degrez poffibles de ce bonheur, auquel il nous foit permis de renoncer, comme en effet on ne le fauroit fans une profanation extréme. Il eft cependant certain que nous n'avons point d'autre voie pour reuffir dans ce deffein que la pratique des bonnes œuvres.

Tout cela fait voir que la confideration du bonheur parfait, que Dieu referve à fes enfans dans fon Ciel, doit nous porter efficacement à faire le plus de bonnes œuvres que nous pourrons. Celle du bonheur imparfait, & commencé, que nous poffedons fur la terre même, nous y engage auffi d'une maniere bien preffante. Ce bonheur commencé confifte principalement dans la joie fpirituelle, que nous donne la certitude que nous avons que nôtre paix eft faite avec Dieu, qu'il nous a pardonné tous nos pechez, & les a lavez au fang de fon Fils, qu'il nous

regar-

regarde comme ſes enfans, en un mot que nous ſommes veritablement dans cet heureux état, qu'on appelle l'é- tat de grace. On ne peut en effet dou- ter, ni qu'il ne ſoit impoſſible de jouïr d'un contentement ſolide, ſi l'on eſt en doute ſur ce ſujet, ni qu'on n'ait lieu d'être tres-content & tres ſatisfait, ſi on eſt bien certain de poſſeder ce grand avantage. Cela eſt évident, & ce ſeroit perdre volontairement le temps, que de s'amuſer à en donner des preuves.

Je demande maintenant par quelle autre voie on peut avoir cette certitu- de, que par le ſoin que l'on prend de faire de bonnes œuvres. Ce n'eſt pas par des revelations immediates, ce n'eſt pas par quelque voix baſſe, que le S. Eſprit forme dans nos cœurs que Dieu nous apprend cette verité conſolante. C'eſt par les reflexions qu'il nous don- ne le moyen de faire ſur l'état de nôtre cœur, que rien ne nous découvre auſſi nettement, & auſſi certainement, que la conſideration des actions bonnes & mauvaiſes, què nous faiſons, comme

O

je

je l'ai fait voir dans mon Traité de la Confcience.

N'y ayant donc que ce feul moyen de nous procurer la paix & le repos de la confcience, qui fait toute la douceur de la vie, & toute la joie de nos cœurs, chacun voit fans peine l'interêt que nous avons à l'employer, & par confequent à ne perdre aucune occafion de faire ces œuvres, qui font un fi heureux effet.

C'eft là ma premiere confideration. La feconde n'eft pas moins preffante. Il eft naturel, il eft jufte même, de prendre tous les foins poffibles pour tâcher de nous rendre les plus parfaits que nous pourrons. C'eft là auffi l'un de nos plus violens defirs, mais qui fert de peu, parce qu'il fe rencontre que nous avons tous une idée tres fauffe de cette perfection, que nous n'ignorons pas que nous devons tâcher de nous procurer. Nous la faifons confifter en des chofes, dont la plûpart font affez vaines, & les autres meritent fi peu le nom que nous leur donnons, que ce font de veritables imperfections,

fections , de véritables defauts, qui nous attirent la haine de Dieu , & devroient nous attirer le mépris des hommes.

Les veritables perfections de l'homme font celles qui font comprifes dans la pieté. Telles font la lumiere, la pénétration, & la folidité de l'efprit, l'étenduë & la clarté de nos connoiffances, la veritable prudence, la veritable fageffe, la veritable vertu, les beaux fentimens, les bonnes actions, la regularité de la conduite, l'intrepidité dans les perils, la conftance & la fermeté dans les maux, & la moderation dans la profperité & dans l'abondance. Voilà ce qui fait la beauté de l'ame, fa force, fa grandeur, fon élevation. Voilà ce qui la rend agréable à Dieu, & qui lui attire l'amour & l'approbation des Anges, l'eftime & le refpect des fages & des vertueux. Voilà en un mot nôtre unique perfection.

Je demande maintenant quel autre moyen nous avons pour nous acquerir cette perfection, quel moyen, dis-je, qui foit auffi utile, & auffi efficace que

 la

la pratique des bonnes œuvres. Qu'on ne m'allégue pas la priere. Car outre que la priere est l'une de ces œuvres dont je parle, outre cela, dis-je, qui ne sait que si cette œuvre même, toute excellente qu'elle est, n'est accompagnée des autres, elle est inutile? Pour reüssir dans ce dessein, il faut d'un côté prier, & de l'autre agir. Il faut avoir l'œil au Ciel, & la main à l'œuvre. Il faut travailler, & implorer la benediction de Dieu sur nôtre travail.

Les bonnes actions font deux effets. Premierement elles fortifient & affermissent les habitudes saintes des vertus, dont elles font l'exercice. C'est ce qui leur est commun avec le reste dés actes, bons, mauvais & indifferens. En deuxiéme lieu elles plaisent à Dieu. Elles nous attirent sa bienveillance, & tous les effets par lesquels il la manifeste, ses faveurs, ses graces, sa benediction. Qui doute d'ailleurs que parmi les graces qu'il nous accorde celles qu'il répand avec le plus de plaisir sur nous ne soient celles de son S. Esprit, qui affermissent nôtre foi, & augmentent nôtre pieté? Il

Il est donc certain qu'il n'y a point de meilleur moyen pour nous rendre plus parfaits & plus accomplis que nous ne sommes, que de nous appliquer fortement à la pratique des bonnes œuvres. Ce sera d'un autre côté agir d'une maniere digne de nous, & qui réponde, & à ce que nous sommes, & au rang que nous tenons, soit dans la nature, soit dans la grace, de quoi j'ai déja dit que ceux qui se négligent le plus, & qui font paroître le moins de justesse dans leur conduite, prennent quelque soin.

Nous sommes des hommes, c'est à dire des animaux raisonnables. Qu'y peut-il donc avoir de plus digne que de nous conduire, non par la brutalité de nos passions, mais par les lumiéres de la raison, & du bon sens, comme nous faisons toutes les fois que nous-nous abstenons du peché, & que nous faisons quelque bonne œuvre? Car enfin il n'y en a pas une dont la raison ne nous découvre la beauté, & la necessité.

Nous sommes les enfans de Dieu,

O 3

& les

& les heritiers de sa gloire & de son Royaume. Qu'y peut-il donc avoir de plus indigne de nous, que de nous rendre volontairement les esclaves de nôtre chair, c'est à dire de ce qu'il y a de plus vil en nous, du peché, & du Demon même, comme nous faisons toutes les fois que nous nous plongeons dans le vice? Quoi au contraire de plus convenable à ce que nous sommes, que d'agir saintement & innocemment, & pour tout dire en un mot, d'une maniere conforme à cet être nouveau que la regeneration nous a donné?

Nous sommes les Disciples de Jesus Christ, qu'il éleve dans son Ecole, & qui entendons chaque jour ses saintes leçons. Et quel honneur faisons nous à sa discipline, si nous n'observons pas ses preceptes, ce qu'on ne peut faire qu'en agissant saintement? En effet ce n'est pas à faire des recherches curieuses, & des raisonnemens sublimes, que Jesus-Christ nous instruit. C'est à pratiquer ce qu'il nous commande. Si nous ne le faisons point, outre que

nous

nous profitons tres mal de nos avantages, nous attirons du blâme fur nôtre
fainte profeffion.

Nous fommes tout autant de plantes
myftiques, qu'il arrofe de fa grace, &
qu'il anime de fon Efprit. Et qu'eft-ce
qui peut mieux convenir à des plantes,
foit proprement, foit improprement
dites, que de produire d'excellens
fruits? Et quels font les meilleurs fruits
des plantes myftiques, que les bonnes
œuvres?

Nous avons à Dieu des obligations
infinies. Il nous a fait mille biens que
nous connoiffons, & mille autres que
nous ignorons. Nous lui en devons
par conféquent une éternelle reconnoiffance, & nous ne pouvons en manquer fans nous rendre coupables d'une
ingratitude la plus lâche, & la plus
honteufe, qu'il foit poffible d'imaginer. Il eft pourtant vrai que la principale reconnoiffance que Dieu attend
de nous, c'eft la pratique des bonnes
œuvres. Ce font là les facrifices de
fa nouvelle alliance. Ce font des re-
mercîmens réels & effectifs, tout autrement excellens que ceux qui ne

 con-

confiftent qu'en des paroles. Comment donc pouvons nous negliger de les lui offrir, fi nous avons quelque reconnoiffance pour fes bontez?

Tout cela fait voir qu'il n'y a aucun des motifs, par lefquels nous nous conduifons, qui ne nous porte efficacement à faire de bonnes œuvres. S'ils fuffifent pour tout le refte, pourquoi ne fuffiroient-ils pas pour ceci? S'ils font bons, pourquoi n'y defererions nous pas dans cette occafion particuliere? & s'ils ne le font pas, pourquoi nous déterminent-ils dans les autres? En un mot il faut neceffairement, ou condamner toute nôtre conduite, ou nous appliquer à la pratique des bonnes œuvres, & en faire le principal de nos foins.

CHA-

CHAPITRE XXXV.

Ce que c'est qu'on doit faire pour remplir le devoir marqué dans le chapitre precedent.

MAis qu'est-ce qu'emporte ce soin que nous devons prendre de faire de bonnes œuvres? C'est ce qu'il est bon de marquer un peu plus distinctement. Je dis donc en premier lieu que nous y devons travailler sans intermission & sans relâche. Il est vrai que le Prophéte nous dit que l'homme de bien est *un arbre qui porte son fruit en sa saison.* Mais il est vrai aussi qu'il n'y a point de temps qui ne soit la saison de quelque bonne œuvre. Il est bien vrai qu'on n'est pas toûjours appellé à les faire toutes. Mais il est vrai aussi qu'il est malaisé de trouver un temps si court, qu'on ne soit obligé à en faire aucune. Et en effet, quand est-ce que nous pouvons manquer d'occasions

O 5

d'ad'agir, ou pour la gloire & le service de Dieu, ou pour le bien temporel ou spirituel de nôtre prochain, ou pour l'avancement de nôtre propre salut?

II. Nous devons nous imprimer profondement dans l'esprit cette verité capitale; qu'il n'y a point de perte qui soit, ni plus grande en elle même, ni plus difficile à reparer, que celle des occasions de faire quelque bonne œuvre. Toutes les fois que ce malheur nous arrive, nous-nous privons parlà de tous les avantages temporels, spirituels, & éternels, que nous pouvions nous procurer en faisant ce que nous devions. Et comme ces avantages étoient tres grands, il est évident que la faute que nous commettons en y renonçant, est indigne d'être supportée. Nous devons nous en faire à nous mêmes de sanglans reproches, & considerer de combien ces reproches sont plus justes que ceux que nous-nous faisons en une infinité d'occasions, étant certain qu'il n'y en a aucun qui approche de celui-ci.

Quels reproches ne se fait pas un
Mar-

Marchand, lors que par pareſſe & par négligence il a perdu l'occaſion de faire un profit conſiderable ? Quels reproches ne ſe fait pas un ambitieux, lors qu'il ne s'eſt pas prevalu des moyens qu'il avoit de s'élever à quelque degré de grandeur, auquel il pouvoit pretendre ? Et cependant qu'y a-t-il, ni dans cette élevation, ni dans ce profit, qui puiſſe entrer en comparaiſon avec les avantages que l'on auroit retirez des bonnes œuvres que l'on pouvoit faire, & dont on a negligé les occaſions ?

III. Nous ne devons pas nous contenter de faire de bonnes œuvres de deux, ou de trois eſpeces. Nous devons en faire de tous ordres, de toutes eſpeces, de publiques & de particuliéres, d'internes & d'externes, de celles qui ſont les effets de l'amour de Dieu, de la charité, de l'humilité, de la juſtice, de la ſainteté, &c. Il n'y en a aucune à laquelle nous ne ſoyons obligez, au moins lors que l'occaſion s'en preſente, & il y en a même de celles, dont nous ne devons pas attendre

les

les occasions. Nous devons les chercher avec empressement & avec ardeur.

D'ailleurs, il n'y a aucune espece de
bonnes œuvres, qui n'ait quelque
chose de particulier, qui nous oblige
à nous y appliquer. Par exemple les
bonnes actions sensibles & exterieures, font beaucoup plus propres que
les interieures à glorifier Dieu, & à
édifier nos prochains. Ainsi nous ne
pouvons les negliger sans manquer à
ces deux devoirs. D'un autre côté les
internes ont cet avantage qu'elles sont
incomparablement plus aisées, & que
nous avons toûjours les moyens & les
occasions de les faire, pourveu que nous
le veuillions, ce qu'on ne peut dire
des externes. Ainsi il n'y en a aucune,
à laquelle quelque consideration particuliere ne nous engage.

IV. Ceci n'empêche pas que nous
ne devions nous appliquer principalement à celles qui ont le plus de rapport à nôtre vocation, & à nôtre état.
Il y a même de certaines choses, qui
appartiennent de telle sorte à d'autres
qu'à

qu'à nous, que nous-nous rendrions tres-dignes de blâme fi nous-nous y in-gerions mal à propos. Mais il eſt ex-tremement remarquable que ceci n'a lieu qu'à l'égard des actions externes, ou pour mieux dire à l'égard de quel-ques unes de ces actions. Car pour les internes il n'y en a aucune qui ne ſoit du devoir de tous ſans exception, & il n'y a perſonne qui doive craindre de ſe mêler de ce qui ne le concerne pas, quand il n'en laiſſera aucune de cet ordre qu'il ne pratique. Il y en a mê-me pluſieurs d'externes, dont on peut dire la même choſe.

V. Nous ne devons pas nous con-tenter de faire des œuvres qui ſoient bonnes en leur genre, telles que ſont toutes celles que Dieu a commandées. Nous devons encore tâcher de faire qu'elles ſoient vraîment bonnes, pre-nant garde qu'il ne leur manque au-cune des conditions que j'ai indiquées dés l'entrée de ce Traité. S'il en étoit autrement, il ne ſeroit pas ſeulement vrai de dire qu'elles nous ſeroient inu-tiles. Elles nous ſeroient encore nui-
ſibles

fibles & pernicieufes. Car, comme on l'a veu , elles ne peuvent manquer de ces conditions fans devenir de veritables pechez, qui offenfent Dieu , & qui provoquent efficacement fa colere. Ainfi fe gêner pour en faire de telles, c'eft fe donner de la peine pour fe rendre plus criminel & plus malheureux.

VI. Nous ne devons pas feulement faire en forte que nos œuvres foient vraîment bonnes, & conformes à la volonté de Dieu. Nous devons encore tâcher de faire qu'elles ayent toute la bonté poffible, faifant en forte que chacune des conditions neceffaires pour cet effet s'y trouve, non feulement en quelque degré, mais dans le degré le plus eminent qu'il fera poffible, tâchant d'approcher le plus que nous pourrons de la perfection. Il faut en effet afpirer à cette perfection, quoi que nous ne puiffions y arriver , & nous fouvenir toûjours qu'entre le degré précis, où nous-nous trouvons, & le plus haut de ceux où nôtre devoir nous appelleroit, il y en a un tres grand nombre d'autres, qui font tous poffibles,

bles, & aufquels nous ne pouvons manquer de nous élever fans une negligence extréme.

VII. Aprés avoir fait de bonnes œuvres, nous devons éviter avec tout le foin poffible d'en perdre le fruit, & de nous priver des avantages que nous en pouvions retirer. C'eft ce qui peut arriver en plufieurs façons. Premierement en nous repentant de les avoir faites, comme il arrive toutes les fois que nous fommes exceffivement fenfibles, foit à la perte des biens temporels, aufquels nous avons renoncé pour nous acquitter de nôtre devoir, foit aux incommoditez aufquelles nous-nous fommes expofez par là. On fait encore la même faute, lors que les bonnes œuvres que l'on a faites infpirent de la vanité, & font qu'on s'en applaudit en fecret, ou même qu'on s'en vante tout ouvertement. Il vaudroit mieux ne les avoir point faites, que d'y trouver l'occafion d'un peché auffi infupportable à Dieu que l'orgueil, dans lequel on peut s'affeurer qu'il y a incomparablement plus de mal, qu'il n'y a de bien dans les œuvres qui le

font

font naître. Enfin on perd le fruit de
fes bonnes œuvres lors qu'on tombe
dans le peché. Car alors on n'eft pas
feulement dans l'état où l'on feroit fi
on n'avoit jamais fait de bonnes œuvres. On eft dans un état incomparablement plus fâcheux, les rechûtes
qui fuivent la converfion, étant quelque chofe de beaucoup plus infupportable à Dieu, que les pechez qui l'ont
precedée, fuivant ce que dit l'Apôtre
S. Pierre, qu'il nous vaudroit mieux
n'avoir jamais connu la voie de la juftice, que fi apres l'avoir connuë nous
venions à nous détourner du faint
commandement qui nous a été donné.
II. Pier. II.

Ce font là les principaux foins que
nous devons prendre à cet égard, &
que nous prendrons en effet, fi nous
avons tant foit peu à cœur les intérêts
de nôtre falut, fi nous avons une foi
vive, & une charité fincere, en un mot
fi nous fommes de veritables enfans de
Dieu, n'y ayant rien de plus effentiel
à tout ceci, que ces foins, qui font d'ailleurs fi juftes & fi raifonnables.

F I N.